■ Comentarios a la obra ■

«Una vez leído este libro, tuve la ocasión de conocer al autor y mantenemos una buena amistad. Este libro está escrito desde la autenticidad. Andrés Martín transmite como persona el equilibrio personal que invita a conseguir en este útil y necesario libro.»

JOSEP GAJO
Abogado, Presidente de la Del. Catalana
de la Corte Europea de Arbitraje

«Para que te oriente, como hizo conmigo, al igual que un marino orienta sus velas para aprovechar mejor la fuerza del viento e impulsar su embarcación. Si sabemos como usar la energía del viento, y tenemos paciencia con nosotros mismos, a veces podremos llegar donde deseamos. Es una buena guía para que cada uno despliegue sus velas.»

LOURDES GUANTER PERIS
Cap d'Unitat, Formació i Docència
Institut Català d'Oncologia

«Mi gran libro de referencia sobre el estrés.»

GASPAR HERNÁNDEZ
Periodista y escritor

«No somos seres fragmentados y para reducir el estrés, la enfermedad que tanto daño nos causa, se requieren enfoques globales, que contemplen a la persona en su conjunto (pensamientos, emociones, cuerpo…) Así es el método que Andrés Martín Asuero recoge en este libro amable, inspirador, práctico, riguroso y muy profundo. Una auténtica joya para todos. Gracias, Andrés, por compartirlo.»

PILAR JERICÓ
InnoPersonas
Autora de *La nueva gestión del talento* y *No miedo*

«*Con Rumbo Propio* me ha gustado mucho por la claridad del texto y por su oportunidad en este mundo nuestro de siempre al borde de un ataque de nervios. Es un libro necesario lleno de consejos tan medidos como inteligentes.»

GUSTAVO MARTIN GARZO
Psicólogo y Escritor
Premio Nacional de Literatura y Premio Nadal
Autor de *El lenguaje de las fuentes* e *Historias de Marta y Fernando*

«Andrés Martín reflexiona en profundidad acerca del origen del estrés, sus consecuencias en la salud física y mental, y propone un método en ocho semanas para reducir el estrés utilizando varias técnicas basadas en el control consciente de la realidad. Estas técnicas nos ayudan a reducir el tiempo en el cual estamos en "piloto automático", actuando en presente pero pensando en pasado o futuro. Estas técnicas nos animan a vivir el presente con plenitud y los cinco sentidos como método para percibir la realidad, entender las emociones y controlar las respuestas.»

GABRIEL MASFURROLL
Presidente Fundación Álex

«Se puede vivir de otra manera: serenamente. No hay que renunciar a nada, a ninguna actividad, incluso ser más fructífero y con mucho mejor estado de ánimo. Ésta es mi experiencia del libro, que he leído, y el curso, que he seguido, de Andrés Martín. Pero con una condición: su libro no debe ser sólo leído; vale la pena poner además en práctica el método que propone. Es un libro para "hacer", persistir, incorporárselo. (Ni hay libros cuya sola lectura sea mágica, ni se interpreta una preciosa melodía sólo leyendo la partitura: además hay que tocar el violín. Créame: un poco cada día).»

MÀRIUS MIRÓ
Socio, Roca Junyent Abogados

«Cuando menos te lo esperas un detonante hace brotar en ti, o en los otros, una reacción inesperada. Ante ello te sorprendes o te decepcionas. Te preguntas: ¿No me conozco lo suficiente? o exclamas: ¡Pensaba que no eras así! Este no es más que un signo de que necesitas ampliar tu capacidad de auto control. En estas páginas Andrés te acompaña paso a paso en un viaje hacia el interior de tu ser para descubrir y comprender los mecanismos que subyacen a comportamientos y hábitos poco saludables. En ellas encontrarás las claves para vivir y crear espacios generadores de bienestar.»

MIRIAM SUBIRANA
Autora de *Vivir en libertad* y *Atreverse a vivir* (RBA)

«*Con Rumbo Propio* es algo más que un libro. Es una hoja de ruta donde Andrés Martín nos enseña a desarrollar la conciencia plena y a disfrutar de la travesía para afianzar nuestro rumbo. Tras seguir sus consejos con simples ejercicios e iniciar la práctica de meditación, el lector descubre de nuevo el valor de aquellos pequeños y valiosos detalles olvidados por el abrumador peso del estrés. Un perfecto libro de compañía.»

JUAN CARLOS TOUS
Director General y Socio fundador CAMEO

«Piénsalo bien antes de leer este libro. Su lectura puede ser tan inspiradora que no encuentres más motivos para seguir viviendo estresado. Gracias Andrés, por señalar con tus sabias palabras el camino que nos conduce hasta ese espacio interior donde se encuentra la paz que solemos buscar afuera.»

BORJA VILASECA
Periodista de *El País* y director del Master
en Desarrollo Personal y Liderazgo de la UB

«Interesante como Andrés Martín Asuero llegó a ser un experto en la reducción del estrés. *Con Rumbo Propio* es un gran libro. Enhorabuena. Plataforma Editorial ya tiene una buena lista de libros.»

JOHN DE ZULUETA GREENEBAUM
Presidente – USP Hospitales

Con rumbo propio

Con rumbo propio

Disfruta de la vida sin estrés

Andrés Martín Asuero

Primera edición en esta colección: mayo de 2019
Trigésima cuarta edición: octubre de 2025

© Andrés Martín Asuero, 2010
© de la presente edición: Plataforma Editorial, 2008

Plataforma Editorial
c/ Muntaner 269, entlo. 1a – 08021 Barcelona
Tel.: (+34) 93 494 79 99
www.plataformaeditorial.com
info@plataformaeditorial.com

Depósito legal: B. 41.264-2011
ISBN: 978-84-15115-00-7

Printed in Spain – Impreso en España

Diseño de cubierta:
Utopikka

Fotocomposición:
Grafime

El papel que se ha utilizado para imprimir este libro proviene
de explotaciones forestales controladas, donde se respetan
los valores ecológicos, sociales y el desarrollo sostenible del bosque.

Impresión:
Podiprint

A mis padres, que me han dado tantas oportunidades.
A mis hijos, Ander y Toya, que me enseñan
lo que es importante en la vida.

Sólo tienes derecho al acto y no a sus frutos.
Nunca consideres que eres la causa
de los frutos de tu acción, ni caigas en la inacción.

BHAGAVAD GITA,
cap. 2, verso 47

■ *Índice* ■

Índice

Agradecimientos

Mi vida ahora no sería la misma si no fuera por un montón de personas que me han estimulado, apoyado, enseñado y ayudado. Por ello es para mí un honor poder darles aquí las gracias de corazón y ofrecer el mucho o poco mérito que reúnan estas páginas. De todas ellas quiero resaltar aquellas que han tenido que ver más directamente con lo que aquí se cuenta, como a Pilar del Barrio, por su enorme apoyo y cariño en una etapa crucial de mi vida; a Gloria García de la Banda, por su consejo, que me llevó al lugar correcto, y su dedicación por mi desarrollo científico; Jon Kabat-Zinn y al equipo del Center for Mindfulness, por sus enseñanzas y generosidad, y a Enric Benito, por darme la primera oportunidad y por sus estimulantes conversaciones en piragua. No olvidaré a la Fundación Kovacs (Santi), a Jenny Moix y a José Luis Aguilar por su apoyo decidido a un biólogo que quería probarse en el mundo de la salud. A Vicente Baeza por creer en mis nuevos talentos y a Josema Odriozola por llevar la «conciencia» a las olas. A mi querida María Fernández Ostolaza y al equipo de Training Lab (Pepo y Juan Mateo), por darme la posibilidad de compartir mis experiencias y trabajar en equipo de forma divertida. A Adela Tejada por su confianza. Mi reconocimiento hacia Agustín Zulueta e Íñigo Losada por su pasión y tesón en el *Desafío* y por ayudarme a hacer realidad un sueño. A Jordi Nadal por ilusionarme con la idea de escribir un libro. Finalmente, a aquellos que realmente han alimentado esta pasión, las más de ochocientas personas que en estos últimos cuatro años han participado en cursos o seminarios de conciencia plena y reducción de estrés, permitiéndome aprender con ellos.

▌ Presentación ▌

*Fui a los bosques porque quería vivir deliberadamente,
enfrentarme solo a los hechos esenciales de la vida y ver si podía
aprender lo que la vida tenía que enseñar, para no descubrir,
cuando tuviera que morir, que no había vivido. No quería vivir lo
que no fuera la vida, pues vivir es caro, ni quería practicar
la resignación a menos que fuera completamente necesario.*

Henry D. Thoreau (1817-1862)[1]

Hay momentos en los que te das cuenta de que tu vida está dando un vuelco y que se desvía irreversiblemente del plan previsto. Notas como una fuerza arrolladora, como un remolino que te arrastra sin saber hacia dónde te llevará. A mí me ocurrió en una tarde de noviembre en Madrid. No se me olvidará fácilmente porque me acababan de despedir de la empresa que dirigía. Salí del prestigioso despacho de abogados completamente solo, esta vez nadie me acompañó a la puerta. Bajé a la calle y la soledad se empapó de la lluvia que caía. Hacía frío y no había gente en la calle. Estaba un poco aturdido y no tenía adónde ir a esa hora. Me refugié en una cafetería, donde tampoco había nadie. Todo

---

1. Henry D. Thoreau, *Walden*, Cátedra, Madrid, 2005, p. 138.

tenía un aire irreal, como de un sueño, las cosas poseían una presencia diferente. El tiempo fluía con dificultad, no pasaba nada fuera mientras en mi cabeza todo bullía. Era como si estuviera metido en una película, donde yo representaba mi papel, pero queriendo creer que lo que estaba ocurriendo no era cierto. Mi mente volvía a rebobinar y proyectaba una y otra vez toda la historia hasta pararse bruscamente en ese momento. Luchaba en vano por encontrar el lugar donde estaba el error, cuándo se perdió todo, e intentaba pensar cómo reparar el daño. Mi mente, tan habituada a proyectar escenarios futuros con beneficios, se veía ahora incapaz de imaginar el futuro, no había ningún beneficio, sólo era una pérdida.

Mi carrera había sido rápida. Mientras estudiaba biología, busqué mejorar mis posibilidades de empleo trabajando en verano y sin sueldo en una piscifactoría. Resultó que las truchas que allí criaban tenían una epidemia y querían probar una vacuna importada para acabar con la mortandad, algo innovador en España. Me encargaron supervisar el proyecto y fui testigo de cómo, a las pocas semanas, los peces se curaron. Me pareció una experiencia fascinante, la ciencia demostraba allí todo su valor. De vuelta a la universidad compartí mi vivencia con uno de mis profesores más admirados, quien me animó a intentar desarrollar una vacuna similar. Siguiendo sus instrucciones mejoramos la versión comercial estadounidense, patentando la nueva fórmula. Era la primera vacuna de peces producida en España y podía competir en precio y servicio con las importaciones. No era un gran negocio, claro, el mercado era minúsculo, pero para un joven emprendedor era un sueño. Empecé a fabricar vacuna en el laboratorio con la ayuda de un buen amigo. Esta innovación atrajo el interés de una multinacional fabricante de alimentos para peces que me ofreció un contrato antes de que me dieran las notas del último curso. Dejé la producción de vacunas a mi amigo y me centré en la nutrición de peces.

Mi nueva empresa era pequeña, pero con potencial de crecimiento. Entré a cargo de la parte técnica, que a los dos años se amplió con la dirección comercial. Después, mi jefe sueco decidió que quería volver a casa para jubilarse, me matriculó en un MBA y me preparó para dejarme a cargo de la empresa sin haber cumplido veintiocho años.

La empresa marchaban bien y con una renovación en la central, en Estocolmo, me premiaron con un puesto en el comité ejecutivo de la multinacional, que compaginé con mis responsabilidades en España. En los ocho años siguientes la ilusión y el cariño que pusimos en el proyecto nos permitió un gran crecimiento y hacer una fábrica nueva. Ello nos dio muchas satisfacciones y dos veces la medalla de oro de la cámara de comercio local. No todo era de color rosa, claro. Alternamos años muy rentables con otros no tanto, pues al fin y al cabo nuestro negocio era cíclico. Sin embargo, por un cambio de estrategia, la empresa se vendió y yo pasé a depender de un grupo holandés. No me encontré tan a gusto con los nuevos dueños, así que después de cumplir con mi compromiso de asegurar la transición, decidí moverme. Buscando un cambio de vida radical, pasé a dirigir la más prestigiosa empresa de cultivos marinos de España, filial de otra multinacional, esta vez noruega. Les conocía bien porque eran uno de nuestros mejores clientes, tenían una organización poco clara pero solidez financiera, tecnología puntera y muy buen ambiente. Mi misión consistía en organizar una expansión rápida en España, para consolidar cinco filiales. Yo llevaba casi tres años trabajando con ellos cuando me rescindieron el contrato, a pesar de que los resultados habían sido mejores de lo previsto. La razón fue una crisis en una de las filiales donde no seguí las órdenes de mi jefe, que iban contra mis principios, lo que se sumó a algunas resistencias internas a mi estilo de trabajo, fraguando el fin de mi carrera.

Mi trabajo me encantaba pero sufría estrés, aunque entonces no lo sabía y probablemente lo hubiera negado, claro. Cómo iba a reconocer esa debilidad, cuando todo parecía ir tan bien. Es como si uno no fuera capaz de soportar la presión; una presión, por cierto, que muchas veces yo mismo generaba, como descubrí más tarde. Pero había otras razones, viajaba mucho, pasaba una semana de viaje de cada dos y tenía que gestionar multitud de problemas, muchos de ellos crónicos que nunca se resolvían del todo. Pero, así y todo, no era nada extraordinario para un puesto de responsabilidad como el mío. No obstante, a pesar de tener el trabajo que todo biólogo desea tener, mi cuerpo acusaba la tensión. Dormía mal cuando estaba de viaje, estaba muy delgado, mis digestiones eran difíciles y mis intestinos protestaban a menudo. Tenía un dolor frecuente en la zona lumbar que no se curaba con gimnasia y necesitaba algunos masajes. Mi colesterol era alto a pesar de no tomar muchas grasas y mis esfuerzos para corregirlo con la dieta no funcionaban. Mentalmente estaba siempre enganchado al trabajo, no desconectaba fácilmente y enseguida aprovechaba ratos de espera en aeropuertos o en mi tiempo libre para trabajar. Mi mente se deslizaba constantemente en territorios del futuro planificando, presupuestando, ideando, proyectando. La verdad es que mi trabajo me gustaba pero ahora sé que resultaba demasiado absorbente y que me perdía muchos momentos dulces de la vida.

Pero mientras bebía una tónica en la soledad de la cafetería en esa tarde oscura, sin trabajo por primera vez en mi carrera, no pensaba en nada de esto. Estaba en estado de *shock*. ¿Qué puedes hacer cuando la vida vuelca de repente? Llamé a mi pareja, que me consoló. Yo le había anticipado mis sospechas de esa cita en Madrid. Llamé a mi mejor amigo en la empresa, que me dio su apoyo, pero naturalmente se alarmó mucho. Decidí no llamar a nadie más. Mis padres se preocuparían —tenía dos hijos que mantener—; se lo diría en su presencia. Me sentía injustamente tratado y, a la vez, avergonzado. Creía que mis decisiones habían sido adecuadas, aunque quizá no las había explicado bien. ¿Pero mis éxitos no superaban con creces mis errores? La respuesta del presidente era desproporcionada, pensaba, pero había sido amable y estaba en su derecho. Afortunadamente tenía un contrato que me indemnizaba por no trabajar en el sector en dos años. Era un consuelo y una oportunidad, una lucecita que marcaba una dirección hacia donde orientar mis energías.

Desde el punto de vista de reducción de estrés, esa noche tomé algunas decisiones acertadas. No fui a un hotel, sino a casa de un primo buscando calor humano. No le dije nada para evitar hablar más del problema y aumentar mi ansiedad. Me centré en sus asuntos y hablamos de la familia. No dormí casi nada esa noche, pero al día siguiente conseguí empezar a ver la oportunidad que se me presentaba. Decidí firmemente que utilizaría esos dos años para explorar una nueva profesión donde pudiera integrar mejor mis intereses personales. Hacer algo donde poner todo mi corazón y dejar que la remuneración fuera un resultado natural de mi contribución. Tenía que encontrar una ocupación mejor de lo que había perdido: ése era el desafío. No tenía cuarenta años aún, podía reinventarme, podía volver a empezar. Así empecé a sentirme mejor.

Tres meses después, cuando acabé con mis obligaciones laborales y cobré el cheque, fui a la India como ritual de paso a una nueva vida. Marché solo e ilusionado con la idea de hacer un curso de meditación de diez días con un famoso maestro en régimen de retiro. Era una técnica que practicaba desde hacía años y se había vuelto un pilar fundamental para dar equilibrio a mi vida. Sin embargo, el viaje no resultó un paso hacia la paz mental ni un baño de santidad como hubiera querido, sino que se pareció más bien a un paseo por el infierno. Al comenzar el curso, noté unas manchas rojas e hinchazón en los genitales, que atribuí a algún tipo de picadura de insecto. Pero poco a poco se fue extendiendo por el cuerpo y la cara, con abundantes picores. Yo pensaba que quizás era alguna reacción psicosomática donde mi piel estaba acusando el estrés de los meses anteriores. No obstante, como la situación empeoraba, al cuarto día pedí ayuda al médico del centro y me recetó una pomada contra la alergia. El sistema inmune está relacionado con el estrés y hay ciertas enfermedades en la piel de tipo alérgico con esta causa; pensé que tenía que tranquilizarme. Sin embargo, la pomada aumentó la hinchazón y dos días después tenía la cara deformada y casi no podía dormir. Me cambiaron la medicación. Empezaba a tener mal aspecto, comía poco y me encontraba abatido, triste y solo. Estar en silencio no ayudaba nada. No conocía a nadie en el retiro y no me atrevía a salir del centro porque estaba muy débil. Empecé a preocuparme: quizá tenía una enfermedad rara; consideré la posibilidad de que mi vida podía acabarse allí. Me arrepentí de muchas cosas que había hecho y en concreto pensé que tenía que mejorar la relación con mis hijos preadolescentes, darles más cariño y exigirles menos. Pedir perdón y perdonarme me tranquilizó bastante, pero mi cuerpo seguía sin reaccionar. Como me sentía cada vez mejor conmigo mismo, a pesar del empeoramiento de mi salud, empecé a pensar que no podía ser un problema psicosomático. El noveno día pedí la consulta de otro médico, que indicó que quizá fuera sarna, pero que era poco probable, y me dio antibióticos por si tenía una infección de la piel. Ya había probado cinco tratamientos.

Lo de la sarna me sonó a Edad Media, cuando se sufría de esos parásitos que excavan galerías por la piel, pero no tenía referencias de nadie que los tuviera. No obstante, esa noche, en un momento de sueño entre ratos de intensos picores, se me apareció una ilustración de uno de mis libros de biología con la sarna. Me desperté convencido de que ésa era la respuesta. Me ilusionó saber que un bicho, y no una enfermedad extraña, era la causa de mis males. A la mañana siguiente concentré mis pocas energías en curarme la sarna con un tratamiento local y en hervir la ropa que necesitaba para volver. Después inicié el viaje de vuelta, con tantas ganas como con las que había partido.

De vuelta a casa, después de recuperarme, tomé contacto con la realidad de un parado. No me llamaba nadie, no había mensajes electrónicos; en realidad no tenía ninguna función en la sociedad, no era productivo y no sabía muy bien cómo iba a volver a serlo. Mi principal sustento emocional era mi pareja, que me escuchaba y animaba en todas mis cavilaciones, a pesar de que mi comportamiento no siempre era estimulante. Discutíamos y ella también sufrió el proceso desde su lado, aunque su apoyo y cariño fueron fundamentales para mí en esa época. Otra lección de cómo el estrés producido por la incertidumbre afecta a tus relaciones personales.

Me preocupaba mi futuro. Sabía lo que no quería hacer pero no tenía claro en qué podía trabajar de forma remunerada. Buscando inspiración, asistía a conferencias sobre asuntos sociales y espirituales. En una charla oí a una profesora de la universidad que me impresionó, le pedí una cita y le expuse mis intenciones. Ella me propuso ir a Massachusetts para estudiar reducción de estrés con Jon Kabat-Zinn. Ir a estudiar a Estados Unidos había sido uno de mis sueños, era un país que conocía y que apreciaba. Kabat-Zinn era biólogo y enseñaba con una técnica de meditación que yo conocía bien de mi reciente e intenso viaje a la India, donde trabajé a fondo esa misma técnica. Pensé que estaba hecho a mi medida, sólo tenía que ir y probarlo.

Antes de partir tuve que superar otra prueba. Fruto del estrés, que no me abandonaba, mi cuerpo seguía renqueando. No engordaba a pesar de mis esfuerzos y los problemas digestivos e intestinales incomprensiblemente se mantenían. Entonces apareció un bulto en un testículo. ¡Horror! Una de mis actividades en esos meses era acompañar, como voluntario, a enfermos terminales y el cáncer era algo común en el hospital donde asistía. También sabía que el estrés de un divorcio o una separación facilitaban la aparición de esta enfermedad, y yo había tenido ambas experiencias en los últimos cuatro años. Aunque el médico que lo vio me tranquilizó bastante, propuso operar para quitar lo que parecía una bola de grasa y analizarlo después. Pero yo ya tenía los billetes comprados para ir a Estados Unidos y quedaban unas semanas. ¿Cómo iba a abandonar ahora por una operación? Mi pareja y mi madre me propusieron que consultara medicinas alternativas y de tres diagnósticos no médicos, todos coincidieron en que era una bola de grasa fruto de mis intentos de engordar. Me dijeron que desaparecería solo. Tomé unas sesiones de acupuntura, cambié mi dieta y dejé a los médicos plantados, que no entendían mi renuncia al quirófano.

Mi pareja pidió una excedencia y se vino a Massachusetts, un detalle que no valoré suficientemente, porque otro de los problemas de la gente estresada es que nos preocupamos demasiado de nosotros mismos y perdemos visión de lo que hacen los demás. La clínica de reducción de estrés resultó ser un lugar excepcional por el tipo de gente que allí trabajaba, mostrando simpatía y cariño a las personas. Volví con material y método como para empezar, además de la bendición de mis profesores, que me animaron a tomar esta carrera profesional. Ya tenía una herramienta y una gran ilusión, pero había que ver si esa técnica funcionaba en Mallorca, donde vivía.

Sin tener que peregrinar por muchos despachos, un médico me dio una oportunidad de hacer un curso con su equipo, lo que nos permitió replicar los resultados de Estados Unidos. Con estos datos presentamos un póster en un congreso de medicina y en otro de riesgos laborales. La técnica funcionaba. Ahora quedaba por ver si podía ganarme la vida con ello.

Vender consultoría empezando de cero no es fácil. El mundo de la salud donde intentaba introducirme está muy protegido y como biólogo autónomo es casi inaccesible. Intenté en muchos sitios y el asunto se movía muy despacio. Un año después de volver de Estados Unidos, a pesar de poner mis mejores esfuerzos, no veía una estabilidad laboral y mi subsidio del paro se estaba acabando. En esos momentos me ofrecieron la posibilidad de tomar el relevo a mi padre, que quería jubilarse de la empresa familiar que dirigía. La decisión suponía mudarme de ciudad o volver al régimen de viajes una semana de cada dos. ¿Volvería a tener estrés? Si tenía despacho, coche de empresa, sería alguien en una organización. Sin embargo, el precio personal era muy caro. Mi pareja dijo que no se mudaría, y mi proyecto de hacer un trabajo con corazón de desvanecería. Rechacé la oferta y me di seis meses más. Quería intentarlo hasta el final.

Poco después las cosas empezaron a cambiar. Un equipo de surf profesional me contrató y la experiencia salió en una revista con preciosas fotos; luego, un curso en San Sebastián con buena cobertura mediática se llenó. Más tarde una consultora en Madrid me propuso asociarme a ellos. Después me contrataron para entrenar al *Desafío Español* para la Copa América de vela, lo que me dio cierta fama. Así, poco a poco, se llenó mi agenda y mis ingresos se estabilizaron. Mi cuerpo también respondió. Mis descansos mejoraron, el dolor lumbar se desvaneció, las digestiones cambiaron, el intestino funcionaba como un reloj, las manchas blancas de las uñas desaparecieron y sin darme cuenta gané diez quilos y el colesterol bajó. Estaba encantado con mi nueva ocupación y mi cuerpo rebosaba de salud. Disfrutaba más de la vida porque no pensaba siempre en el trabajo, ni en proyectos. Ahora valoraba cosas sencillas: el sol, el monte, el mar, el sabor de estar donde quieres estar, el momento presente. Me di cuenta de que mi vida había cambiado.

Me he tomado la licencia de contar aquí mi historia para presentarme; no soy gurú ni erudito, sólo pretendo aportar algo desde mi experiencia personal. También sirve de ejemplo para ilustrar cómo actúa el estrés en momentos de crisis y cómo el cambio es posible. Cuando la vida da un vuelco, puede estar indicándote el camino hacia algo mejor, como ha sido en mi caso. Es mi aventura en la gran catástrofe de la vida, como dice Kabat-Zinn en su libro.[2] Cierto es que estos cambios no son fáciles ni agradables, pero al final del recorrido, cuando puedes conectar los puntos, te das cuenta de que ese camino te estaba esperando y que ha merecido la pena. Aclarado este punto, no hablaré mucho más de mi vida. Las siguientes páginas son sobre la técnica de reducción de estrés basada en la conciencia plena y cómo se puede aplicar a la vida cotidiana. Para entrar mejor en materia, les propongo empezar con un cuento del rey Arturo.

---

2. Jon Kabat-Zinn, *Full Catastrophe Living*, Bantam Doubleday. Ed. en castellano: *Vivir con plenitud las crisis*, Kairós, Barcelona, 2003.

Capítulo 1
La extraordinaria decisión de sir Gawain

Reinar en Camelot se había vuelto demasiado complicado, pensaba Arturo, mientras revisaba documentos para una audiencia relativa a otro conflicto entre nobles. Estaba cansado de tanta mezquindad, especialmente desde que sir Gromer Somer fue expulsado de Camelot. Ese caso le había dejado asqueado. «¿Cómo es posible que una persona inteligente, compañero de cruzadas —pensaba— pueda dejarse llevar por ambiciones desmedidas que lleguen al punto de amenazar la estabilidad del reino que dice servir?»

«Quizá me tomo las cosas de manera demasiado personal, como dice Merlín el mago —pensó Arturo—. En cualquier caso, ya está bien de peleas de gallitos. Creo que me vendría bien irme de caza a ver si me vuelve la inspiración y recupero las ganas de reinar.» Así que, vestido de incógnito, salió por la puerta de atrás del castillo, al galope hacia el campo, sin que nadie pudiera evitarlo.

La mañana de otoño rebosaba de vida, los árboles daban ese ambiente multicolor al bosque con sus tonos rojos, amarillos y ocres entre los que resaltaban algunos abetos con su verde oscuro, casi negro. Después de varios días de lluvia, la actividad bullía en el bosque y los animales aprovechaban para comer, mientras el sol empezaba a calentar el aire. Entre todos ellos destacaba un magnífico venado de catorce puntas en el que Arturo puso enseguida sus ojos. Después de dar un amplio rodeo para coger el viento de cara, desde unos matorrales el rey disparó su ballesta, pero un súbito movimiento del animal hizo que la flecha se le clavara en el cuarto trasero y, asustado, saliera huyendo malherido.

—¡Rayos! —murmuró Arturo—, no puedo dejar que un animal así se escape herido.

Montó su caballo y empezó a seguir el rastro de sangre por el valle y luego una colina, un bosque profundo, cruzó un arroyo o dos, y otro valle hasta que, dos horas más tarde, Arturo vagamente sabía ya dónde estaba. Así y todo, siguió tras los restos de sangre del venado.

Al rato, Arturo divisó un claro en la espesura donde los rayos del sol iluminaban a su pieza rendida en la hierba. «¡Por fin!», pensó, dejando su caballo, pero cuando Arturo se acercó al venado, se encontró con que no estaba solo: un enorme caballero en su armadura le miraba desafiante.

Éste no era otro que sir Gromer Somer, precisamente a quien menos ganas tenía Arturo de ver.

—Arturo, ¿cómo tienes la osadía de venir a cazar a mis tierras? ¿Crees que, después de humillarme, puedes quitarme también mi caza? Sabes bien que este bosque no te pertenece.

—Gromer, te pido disculpas, no sabía dónde estaba, pero te puedo asegurar que ese venado lo alcancé hace dos horas en mi bosque y que lo vengo siguiendo para cobrar la pieza. No obstante, si crees que te pertenece, quédatelo, no voy a discutir por ello.

—No es tan sencillo, tu historia no me convence y sabes bien que cazar en tierras ajenas se resuelve con la espada, así que déjate de excusas y pelea como un hombre.

Arturo no estaba con ánimos para luchar. Había salido del castillo para evitar los problemas y no portaba ninguna armadura. Además, sir Gromer era un individuo grande como un oso y estaba protegido con su coraza. Además, estaba furioso.

Después de varios golpes de espada, Arturo cayó al suelo, Gromer le colocó la espada en el cuello y dijo mientras se levantaba la visera del yelmo:

—Como eres el rey, debo darte una oportunidad, si deseas aceptarla, o, si lo prefieres, acabo contigo ahora mismo.

—Acepto la oportunidad, Gromer —replicó Arturo pensando que volver a tomar la espada no le sería de mucha ayuda en combate tan desigual.

—Entonces ponte de pie y fíjate bien en lo que te digo, Arturo. Has de volver a este lugar al mediodía dentro de siete días y decirme qué es lo que toda mujer desea tener sobre todo lo demás que se le pueda dar. Una respuesta falsa, Arturo, será tu muerte, ya sea que llueva o brille el sol. Una respuesta verdadera será tu perdón por cazar en tierra ajena.

—De acuerdo, Gromer, aquí estaré —replicó Arturo, y recobrando su espada se dirigió hacia su caballo.

«¿Qué es lo que toda mujer desea tener?, y supongo que debe de ser algo, claro», pensó Arturo. Sin embargo, no se le ocurría nada que resolviera el acertijo. Tampoco sabía a quién pedir ayuda, ni podía volver a Camelot porque eso trasladaría al reino el problema y podrían llegar a la guerra contra Gromer y su milicia, algo que quería evitar a toda costa. «Debo resolverlo por mí mismo —decidió—. Ya encontraré la forma.»

Así que Arturo empezó a caminar por valles y aldeas preguntando a toda persona que se encontraba en el camino qué es lo que más deseaba tener. Vestido de caza, le tomaban por algún noble forastero, y le respondían con amabilidad sin reconocerle. No obstante, las respuestas que Arturo iba anotando en su libreta distaban mucho de converger en una idea o cosa común, como él había esperado.

Las más jóvenes pedían dinero, un marido, hijos, ropas nuevas, una casa o joyas; las mayores hablaban de salud, de ver casar a sus hijos, de tener comida para el invierno, ganado o conocer a sus nietos. Los hombres que encontraba se mostraban de lo más desconcertados; algunos no sabían qué responder y los que así lo hacían tampoco mostraban mucho conocimiento de la psicología femenina, ya que sus respuestas poco o nada se parecían a las de las mujeres.

Así pasaron los días, y Arturo vio llegar el final del plazo sin tener certeza de haber dado con la respuesta. Mientras se acercaba cabizbajo al lugar convenido, oyó una voz femenina que le llamaba desde el bosque.

—¡Arturo! ¡Rey Arturo!

Giró la vista y al pie de un inmenso roble creyó ver una forma humana sentada encima de una roca negra, en un lugar muy sombrío. A medida que se acercaba distinguió una mujer de edad indefinida, vestida con harapos de color oscuro. Su pelo largo y sucio rodeaba una enorme nariz sobre una boca poblada de dientes negros y apiñados. Sin embargo, su voz era dulce y se expresaba con claridad y amabilidad.

—Arturo, mi rey, yo soy Ragnelle, la dama del bosque, y conozco la situación en la que os encontráis. Os he llamado porque puedo ayudaros, si vos me ayudáis a mí también.

Arturo se quedó pasmado. «¿Quién puede ser esa mujer tan abominable y cómo puede saber la solución al acertijo? —pensó—. ¿Qué puede querer a cambio un ser tan miserable?» Pero como su situación era bastante desesperada y no tenía mucha confianza en sus averiguaciones hasta el momento, pensó que nada perdía por aceptar el trato.

—Magnífico, Ragnelle —contestó—, acepto vuestra ayuda y, si me resulta útil, os juro que os daré lo que pidáis, si está en mi mano.

—De acuerdo. Entonces, acercaos para que os diga la respuesta y partid a vuestra cita. A la vuelta ya os diré cuáles son mis deseos.

Arturo pensó que era un buen trato. Desmontó y se acercó a ella venciendo la repulsión ante semejante dama abominable. La mujer le murmuró al oído unas palabras que inmediatamente cambiaron su semblante.

—¡Gracias! —replicó—, me parece muy sabia vuestra respuesta. Volveré enseguida, dama Ragnelle —dijo Arturo despidiéndose mientras montaba a su caballo y, con un trote más alegre, se encaminaba al claro del bosque.

Cuando sir Gromer, vestido con una imponente armadura negra, le vio llegar, le espetó:

—¿Ya tienes la respuesta, Arturo, o es que vienes dispuesto a morir?

—Creo que tengo la respuesta —dijo Arturo, y sacando su libreta añadió—: algunas dicen que tener hijos.

—Tonterías. Muchas lo que tienen son demasiados hijos, no creo que quieran más, sólo les dan trabajo.

—Otras dicen que un marido.

—Falso. Quienes no tienen marido quieren uno, pero cuando se casan, pronto se dan cuenta de que no valen tanto. Me defraudas, esperaba algo más inteligente de ti.

—Entonces no te digo lo de dinero, joyas, casa o ropajes, ¿verdad?

—Cierto. Tú sabes que en los castillos hay muchas mujeres que tienen eso y no lo valoran en absoluto, así que prepárate a morir.

—No tan rápido, Gromer. En realidad no te he dado aún mi respuesta.

—¿Y cuál es, que estoy perdiendo mi paciencia?

—Lo que toda mujer desea tener por encima de cualquier cosa que se le pueda dar es soberanía, la capacidad para decidir por sí misma.

Sir Gromer se quedó de una pieza, juró y masculló con los dientes apretados, envainó la espada y, escupiendo al suelo, le dijo:

—Espero que no nos veamos más, Arturo. Vete ahora y no vuelvas.

De vuelta, Arturo paró ante el enorme roble a cuyo pie continuaba Ragnelle, quien le saludó alegrándose de verle sano y salvo.

—Como podéis ver, vuestro consejo me ha sido de gran ayuda. Decidme ahora qué puedo hacer yo por vos.

—No es difícil —contestó Ragnelle—. Quiero casarme con uno de vuestros caballeros y que se consume el matrimonio.

—¡Pero eso es imposible! —replicó Arturo—. No sois noble y yo no puedo obligarles.

—Jurasteis ayudarme, sois rey y podéis convencerles. Yo he cumplido mi parte —contestó Ragnelle.

Arturo se despidió montando en su caballo, mientras suspiraba de nuevo ante la insólita prueba que tenía delante, para poder cumplir su palabra. «¡Y yo, que salí de caza hace una semana para descansar un poco! —pensó—. Parece que los problemas me persiguen.»

Ya en Camelot convocó la mesa redonda y explicó a los caballeros su aventura hasta llegar a la última parte, donde se quedó callado.

—¿Entonces qué quiere esa bruja del bosque, rey Arturo? —dijo Lancelot, que era el más impaciente.

—Que alguno de vosotros se case con ella —dijo Arturo mirando a la mesa con gesto dolorido.

—¿Qué? —respondieron todos a la vez, y se hizo un gran silencio.

Al rato sir Gawain, el sobrino del rey y el más gentil de los caballeros, tomó la palabra y dijo:

—Mi rey, esa dama ha demostrado conocimiento y honestidad, ha dado su ayuda sin pedir antes una recompensa. Todos nosotros estamos en deuda con ella por haber salvado al rey y, así, la estabilidad del reino. Yo me casaré con ella.

—Sobrino, te agradezco el gesto, pero has de saber que es una mujer abominable.

—Gracias, pero creo que hay algo extraordinario en su acto y es un honor para mí contribuir a que se cumpla vuestro juramento.

Al disolverse la asamblea, se preparó la comitiva para acompañar a sir Gawain en su primera cita con Ragnelle.

Después de cabalgar un rato, llegaron al pie del roble, sir Gawain desmontó y, en presencia del rey, galantemente pidió la mano de Ragnelle. La dama, encantada, respondió con amabilidad con esa voz tan dulce que la naturaleza le había concedido, a pesar de su fealdad. Así, ante la sorpresa de los presentes, sir Gawain la invitó a compartir montura y los prometidos volvieron al castillo seguidos de la incrédula comitiva.

Los esponsales no tardaron en organizarse. Se convocó a peluqueras, maquilladoras y modistas, Ragnelle fue lavada, peinada y vestida de novia; sin embargo, su aspecto seguía siendo de lo más desagradable. Su palabra, en cambio, era inteligente y su voz, encantadora. Una criatura extraordinariamente dotada para la conversación, pero con un aspecto horroroso.

La boda transcurrió por los cauces habituales en estos actos y a mitad de la fiesta los nuevos esposos dejaron la sala para cumplir con la segunda parte del acuerdo.

Al llegar a la alcoba, sir Gawain cedió el paso a su esposa, mientras esperaba en el vestidor mirando el fuego, sin muchas ganas de desvestirse, la verdad. Entonces oyó esa voz deliciosa que le llamaba.

—Sir Gawain, amado esposo, ¿no queréis ver a vuestra mujer en el lecho nupcial?

Se acercó cortésmente y lo que contempló le pareció un milagro. Ragnelle era ahora una joven increíblemente bella, de nariz elegante sobre unos rojos y carnosos labios que rodeaban unos preciosos dientes blancos, de ojos verdes y un pelo castaño que caía elegante sobre unos hombros redondos de piel tostada que resaltaban sobre el blanco del camisón. Su cuerpo ahora era esbelto y bien formado, rebosante de salud y juventud. Una preciosidad de novia.

—¿Pero qué os ha ocurrido? —replicó mientras empezaba a desvestirse apresuradamente sin quitar la vista de su mujer.

—Éste que veis ahora es mi aspecto verdadero. Lo que habíais visto era el resultado de un hechizo que por celos me hizo mi hermana mayor, que es ahora *lady* Morton, esposa de sir Gromer Somer. Mi hermana dijo que si encontraba un caballero que se apiadara de mí, podría recuperar parcialmente mi aspecto y así ha sido.

—¡Magnífico! —replicó Gawain terminando de quitarse las botas.

—No tan rápido, querido: el hechizo no ha desaparecido. Por ello, antes de cogerme en vuestros brazos, debéis decidir, de una vez para siempre, si queréis verme así sólo para vuestros ojos, cuando se ponga el sol, mientras conservo mi anterior aspecto durante el día para el resto de la corte, como hasta ahora, o si, por el contrario, preferís que sea éste mi nuevo aspecto público, de día, aunque vos por la noche me volváis a ver fea y deformada.

Sir Gawain, que no era una persona impulsiva, le sonrió y se apartó del lecho para volver al fuego que crepitaba en la chimenea del vestidor, mientras meditaba su respuesta. Al rato volvió y mirándola a los ojos le dijo:

—Amada esposa, esta decisión que me proponéis es bien difícil, ya que cualquier alternativa tiene graves inconvenientes. Así que, teniendo en cuenta que vuestro aspecto atañe principalmente a vos, creo que debéis ser vos y no yo quien tome esa decisión.

Entonces Ragnelle saltó de la cama y lo abrazó con manos y piernas mientras se lo comía a besos llorando de alegría. Sir Gawain se quedó tan sorprendido que le preguntó qué había pasado. Ragnelle contestó radiante:

—Mi hermana aseguró que nunca encontraría un caballero que me dejara decidir por mí misma. Por eso, ahora acabáis de romper todo el hechizo: ¡seré así para siempre, de día y de noche, para vos y para todo el mundo! ¡Gracias por vuestra gentileza!

Y se volvió a celebrar la boda para que todo el reino pudiera contemplar la belleza de Ragnelle. Y durante su vida en Camelot, Ragnelle fue fuente de sabiduría, medió en disputas y fomentó la armonía, ganándose el cariño de todos, incluso de sir Gromer, que hizo las paces con Arturo.

LAS ENSEÑANZAS DEL REY ARTURO

He elegido esta historia[3] para empezar este libro porque la soberanía ahora también está en peligro, a pesar de la libertad aparente de que gozamos. Cuando una persona está estresada o agobiada, de forma sutil pero no por ello despreciable, empieza a perder la capacidad de decidir por sí misma. La presión del entorno, laboral o familiar, nos produce estrés y ese estado mental nos conduce a un comportamiento determinado, distinto de como somos en un ambiente más relajado. Ese cambio de actitud ante la vida puede tener un claro efecto negativo en la salud y en las relaciones personales, como veremos más tarde.

Al igual que el hechizo hace que Ragnelle se presente como una bruja, cuando en realidad es una bella joven, el estrés hace que la vida se viva como una lucha por sobrevivir en vez del milagro que es. Este hechizo que produce

---

3. Esta historia está basada en un cuento popular inglés del siglo xv, conservado en un manuscrito del xvi, escrito en verso. No obstante, la trama parece provenir de uno de los *Cuentos de Canterbury*, de Geoffrey Chaucer, obra acabada en 1390. Es por ello un bonito ejemplo de esos escritores que se adelantaban a su época, hablando del valor de la soberanía como valor universal, cuando entonces era sólo patrimonio de unos pocos. Cuentos como éste fueron fundamentales antes de la imprenta como forma de transmitir sabiduría, asegurando así una amplia difusión de generación en generación.

el estrés afecta a la percepción de la realidad y despierta el miedo o la rabia. Estas emociones nos llevan a un tipo de comportamiento reactivo donde los sacrificios se van sucediendo, sin que se consiga cambiar significativamente el curso de los acontecimientos. A la larga el estrés hace que vivamos en tensión, con prisa para todo, sin poder disfrutar de muchos momentos bonitos de la vida. Pero ¿es este estado algo inevitable en los tiempos que corren o se puede vivir de otra forma?

Veamos qué caracteriza a nuestro héroe, sir Gawain. Es una persona que tiene claro cuáles son sus valores: la lealtad y la responsabilidad ante el rey, por un lado, y el respeto hacia su mujer por el otro. Demuestra no tener miedo: ni al qué dirán por casarse con una bruja, ni a la fealdad de su mujer. No parece impulsivo y es capaz de ver más allá de las apariencias, distinguiendo la inteligencia y la aportación de Ragnelle a pesar de su aspecto. Por último, y no menos importante, tiene una visión integral del beneficio y se da cuenta de que la relación en pareja debe basarse en el beneficio mutuo. Con ese espíritu es capaz de delegar en su mujer una decisión que le afecta profundamente. Un gesto que le honra y que todos desearíamos en un jefe, una pareja o un compañero.

Gawain es ciertamente soberano, porque actúa de acuerdo con sus valores, sin condicionamientos externos. Sabe qué es lo que debe hacer en su vida, cómo lo debe hacer, y así lo hace. Sería un ejemplo de personalidad resistente al estrés; como veremos más tarde, posee las tres ces: control sobre sí mismo, compromiso con su tarea y capacidad de afrontar desafíos de forma constructiva.

La diferencia de Gawain y los demás caballeros está en su actitud, no en las condiciones externas que son iguales para todos. Lo mismo ocurre en la vida moderna: el hábitat es el mismo pero no todos sufrimos estrés de la misma forma. La actitud es el resultado de una cadena de elementos que comienzan con la percepción de la realidad, le siguen las emociones y acaba en la acción heroica. No se pueden desarrollar heroicidades sin tener una conciencia particular de la ocasión y del momento. No obstante, visto desde fuera, sólo vemos los actos; los eslabones anteriores en esa cadena están ocultos, ya que se desarrollan en la mente del héroe. Por ello, para reducir el estrés y poder recuperar la soberanía sobre la vida, hemos estructurado el libro en sentido progresivo desde las formas de percibir la realidad hasta ver cómo podemos responder de otra forma a los desafíos de la vida. Para recorrer este camino seguiremos la metodología contrastada de la clínica de reducción de estrés, también conocida como MBSR.

LA REDUCCIÓN DE ESTRÉS BASADA EN LA CONCIENCIA PLENA

Este libro está basado en una formación que se denomina *reducción de estrés basada en la conciencia plena* (MBSR son las siglas en inglés: *mindfulness-based stress reduction*).[4] Es un programa muy famoso en Estados Unidos, desarrollado por Jon Kabat-Zinn hace unos veinticinco años en el centro médico de la Universidad de Massachusetts. En su formato habitual está estructurado como un curso que se imparte a grupos reducidos y dura treinta horas repar-

4. Para más información, se puede consultar http://www.umassmed.edu/cfm/index.aspx.

tidas en ocho semanas. Los contenidos incluyen sesiones de relajación, meditación y yoga, junto con explicaciones sobre las bases del estrés y sus causas y consecuencias. La pedagogía es muy participativa y los asistentes se implican en la clase.

La clínica de reducción de estrés combina la visión oriental de la salud con una exhaustiva investigación científica que le permite defender esta técnica desde una facultad de medicina. Allí, el programa se presenta bajo tres principios. Primero, se le llama *medicina mente-cuerpo*, enfatizando que estos dos conceptos no están separados como a menudo se considera, sino que forman parte de un todo. Por ello problemas mentales se traducen en enfermedades y los problemas físicos crean sufrimiento mental. Segundo, se propone una actitud participativa, en la que la persona no delegue toda la responsabilidad de la salud sobre el médico, sino que mantenga una postura crítica y activa en averiguar qué puede hacer por sí misma para mejorar sus circunstancias. Tercero, se presenta como medicina complementaria, sin entrar a diagnosticar ni a cambiar tratamientos, sino promoviendo prácticas saludables dentro de las circunstancias personales.

Además, la clínica se preocupa por medir y documentar de forma científica los resultados en relación con el estrés, dolor crónico y otras enfermedades de tipo psicosomático. Por ello se puede afirmar que con la MBSR se han observado reducciones significativas del 35 % de los síntomas médicos asociados al estrés y del 40 % del malestar psicológico.[5] Estos resultados son similares a los obtenidos en

5. Para una revisión bibliográfica de estudios sobre la MBSR, se puede consultar http://www.umassmed.edu/cfm/bibliography/index.aspx.

España, como lo demuestran nuestras investigaciones[6] y la experiencia con más de ochocientas personas que han participado en estos cursos durante los últimos cuatro años. Por ello espero que estas páginas animen al lector a realizar el entrenamiento en conciencia plena que le propongo en paralelo a la lectura del libro. Así podrá experimentar por sí mismo lo que le voy contando. Al final de cada capítulo encontrará recomendaciones que se complementan con las prácticas de los anexos. Espero sinceramente que esta lectura le resulte interesante y beneficiosa al mismo tiempo, que le ayude a vivir de forma más consciente y así pueda desarrollar una mayor soberanía sobre su vida.

6. A. Martín, G. García de la Banda y E. Benito, «Reducción de estrés mediante la atención consciente, según la técnica MBSR», en *Análisis y Modificación de Conducta*, 139 (31), 2005, pp. 557-571.

Capítulo 2
El estrés y el sufrimiento humano

Casi toda la humanidad tiene tus mismas dificultades,
¿no te lo había contado? Si no tienes lo que quieres, sufres; si tienes
lo que no quieres, también sufres; incluso si tienes exactamente lo que
quieres, sigues sufriendo porque no lo puedes tener siempre.
Tu dificultad está en la mente [...], pero el cambio es una ley y por
mucho que lo intentes no conseguirás cambiar esa realidad.

D. Millman[7]

El estrés es uno de los grandes protagonistas de la vida moderna. Si lo estudiamos desde un punto de vista laboral, vemos que afecta al menos a uno de cada cinco trabajadores europeos según los últimos estudios de la Unión Europea[8] y está entre los cuatro problemas de salud laboral más mencionados. Los otros son el dolor de espalda, el dolor muscular y la fatiga, todos con porcentajes en torno al veinte o al treinta. Curiosamente estos problemas también tienen relación con el estrés, como luego veremos.

7. D. Millman, *Way of the Peaceful Warrior: a Book that changes Lifes,* H. J. Kramer, Berkeley (CA, Estados Unidos), 1980, p. 61.
8. Agencia Europea, *Fourth European Working Conditions Survey,* 2007.

Si lo planteamos desde un punto de vista de salud pública, se calcula que el 16% de las enfermedades cardiovasculares de los hombres y el 22% de las de las mujeres se deben al estrés. También encontramos el estrés entre las causas responsables de muchos trastornos músculo-esqueléticos, problemas del aparato digestivo, del sistema inmune, del aparato reproductor y, cómo no, los problemas de salud mental. Realmente impresiona, pero ¿qué es exactamente el estrés y cómo puede una persona saber si sufre o no estrés? Ésta es una pregunta que oigo frecuentemente y que intentaré responder en estas páginas.

Pero antes vamos a hacer un ejercicio práctico. Intente recordar algún acontecimiento desagradable de su vida. No le pido una descripción de los hechos, sino que recuerde qué sensaciones corporales sentía y qué emociones estaban presentes en ese momento. Si lo desea, puede parar aquí un momento, e intentar revivir esa situación, cierre los ojos y deje que su memoria impregne el cuerpo, deje que fluyan las sensaciones e intente identificar en qué parte del cuerpo las nota mejor. Fíjese también en su estado mental y explore qué emociones estaban presentes en su cabeza, esas que quizá se manifiestan ahora mismo, a medida que se pone en situación.

Este ejercicio lo hacen los participantes en su casa y, cuando vuelven a clase a la semana siguiente, exploramos en grupos las experiencias que traen, recogiendo luego en la pizarra dos columnas, una con las sensaciones recogidas y otra con las emociones. La primera es muy larga y siempre incluye variantes de: tensión muscular, calor en la piel, sudor, palpitaciones, taquicardia, nudo en el estómago, respiración agitada, presión en el corazón y nerviosismo o agitación. La segunda lista, la de las emociones, se puede resumir en variantes de tres estados mentales básicos: miedo, rabia y tristeza. Después de hacer las listas les presentamos el estrés para ver si lo reconocen.

EL ESTRÉS COMO REACCIÓN BIOLÓGICA

El estrés es un desarrollo evolutivo que tiene miles de años, así que podemos presentarlo en su forma más habitual, cuando mejoraba nuestra supervivencia ante los peligros de una vida en pleno contacto con la naturaleza. Hagamos un viaje en el tiempo y pensemos en un antepasado nuestro de hace unos treinta mil años: pongamos que tiene unos trece años —hombre o mujer, no importa el sexo— y que aprovechando la abundancia de bayas en otoño se aleja despistado de la cueva con su cesta, recogiendo frutos y, de paso, comiendo algunos mientras piensa en sus cosas. De repente, el crujir de unas ramas secas anuncia la proximidad de algún animal pesado. Nuestro protagonista vuelve la cabeza y ve un enorme oso cavernario que anda buscando una buena cena antes de empezar la hibernación. El animal tiene casi cuatro metros de envergadura y empieza a salir del bosque. Se disparan todas las alarmas del chaval. Peligro, cuestión de vida o muerte. Nuestro protagonista tira la cesta y empieza a correr con todas sus fuerzas hacia una zona de rocas grandes, a unos cien metros colina abajo, cerca de un riachuelo. El oso también corre, pero sus patas delanteras, más cortas que las traseras, le impiden desarrollar toda su velocidad cuesta abajo. Ya entre las rocas, el menor tamaño del muchacho le permite escabullirse hasta que consigue ponerse a salvo en una pequeña galería debajo de un gran peñasco, donde el oso nunca podrá entrar.

Al menos eso cree el chico. Nuestro antepasado se acurruca muerto de miedo y jadeando, mientras se va recuperando de la carrera. Pero el oso no se da por vencido, le encuentra y se pone a escarbar en la entrada de la grieta intentando hacer hueco para meter sus garras e intentar cobrar la presa. El chaval, digno hijo de cazadores, sabe que no puede quedarse esperando a ver qué pasa. El miedo que le ha impulsado a correr se convierte ahora en rabia y desde dentro de la pequeña cueva grita al oso tirándole piedras a sus garras para intentar asustarlo. El oso retira la zarpa después de recibir varios dolorosos impactos y desiste de meter las garras. Aunque se queda merodeando bastante rato, al final se va, el hambre aprieta y la experiencia le dice que el cachorro humano no saldrá fácilmente. Nuestro protagonista queda agotado y no se recupera hasta el día siguiente, cuando el hambre es más fuerte que el miedo, y se arriesga a salir.

Ahora vamos a rebobinar esta historia y proyectarla de nuevo desde un nivel fisiológico, es decir, atendiendo a lo que ocurre en el cuerpo y en la mente del joven. Al ver el oso se desencadena una emoción muy poderosa que es el miedo y que pone en marcha todo un sistema de actuación para casos de emergencia. Coordinado por la adrenalina, una hormona que activa simultáneamente varios dispositivos corporales, empieza la acción. El sistema nervioso se activa para poner en marcha el mecanismo de huida. Los músculos, imprescindibles para correr, se tensan y el corazón empieza a latir con fuerza, la presión arterial sube y la sangre se bombea con fuerza para alimentar las demandas de la carrera. Para que la sangre esté bien oxigenada, los alvéolos de los pulmones se abren y la respiración se vuelve rápida y agitada. Puesto que la sangre es un factor limitante, el proceso de digestión del joven, que venía comiendo bayas, se interrumpe y toda la sangre del sistema digestivo se envía a los músculos. Es cuestión de prioridades. Como cualquier huida conlleva el riesgo de cortes y pérdida de sangre e infecciones, la piel se tensará para evitar hemorragias y el sistema inmune del organismo, que nos defiende de las infecciones, empieza a desplazarse a la periferia del cuerpo para vigilar la entrada de gérmenes.

Cuando el joven entra en la galería, se relaja unos minutos, pero cuando el oso vuelve a la carga, el mecanismo de activación de emergencias vuelve a encenderse, la emoción protagonista en este momento es la rabia y ello supone sangre en la cabeza, gritar y fuerza en los brazos. Ahora, en vez de huir se lucha, arriesgándose contra el monstruo, hasta que éste abandona. El resto es básicamente igual a la huida.

El oso se aburre de esperar y el joven se relaja un poco, la adrenalina da paso a otra hormona que es el cortisol, que coordinará esta segunda fase del estrés, la llamada *fase de resistencia*.

Cuando el peligro disminuye, el sistema nervioso activa un proceso de recuperación que llamamos *sueño* y a nivel interno el cortisol activará el consumo de grasa almacenada para alimentar las necesidades energéticas del organismo, sin necesidad de salir de la cueva. Tardará bastante tiempo hasta que aparezca el hambre y le fuerce a salir, probablemente cuando el peligro ya haya pasado.

Esto es estrés, tal y como lo intuyó Walter Canon en los años veinte y lo bautizó Hans Seyle en los años cuarenta; dos biólogos que abrieron la puerta a uno de los campos más fascinantes de la investigación biomédica. La reacción de estrés se resume así en dos palabras: *luchar o huir*; es, obviamente, un mecanismo de supervivencia que ha salvado muchas vidas.[9] El estrés tiene tres fases. La primera es la estimulación, cuando se activa el organismo para hacer frente al problema. Si no se resuelve el problema, pasamos a la segunda, que es la de resistencia, y de ahí a la tercera: el agotamiento. Con el agotamiento resulta el desgaste, que es el significado verdadero del término *estrés*. La palabra la tomó Hans Seyle de la ingeniería y no se molestó en traducirla, quedando como un término internacional. De este desgaste se deriva una serie de enfermedades que el estrés predispone y donde concursan otras causas, como las genéticas o las ambientales.

CUADRO SINÓPTICO I.
LAS TRES FASES DEL ESTRÉS

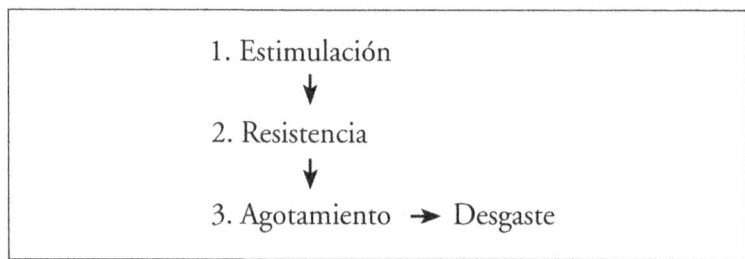

Si volvemos a nuestra clase de reducción de estrés, podemos concluir dos cosas. Primero, que las sensaciones desagradables y las emociones son las mismas en este relato del Paleolítico que en la lista de la pizarra. Y segundo, que al estrés se le reconoce por dos características: una es el componente de amenaza del bienestar, o peligro, y la otra

9. Quien esté interesado en el estrés desde una óptica biológica, disfrutará con el libro de Richard Sapolski: *¿Por qué las cebras no tienen úlcera?*, Alianza, Madrid, 1995.

es un desequilibrio físico y mental que se produce a continuación. Estos elementos son importantes a la hora de ver cómo evitar o reducir el estrés, ya que nos servirán de referencia, como veremos en el capítulo 6. Pero hay más detalles. Hemos hablado del sistema inmune, que se reorganiza en torno a la piel para evitar infecciones. Sin entrar en mucha complejidad, podemos añadir que ello tiene dos implicaciones. Una es la sobreestimulación de la inmunidad a nivel de la piel, que facilita procesos como la psoriasis o las alergias, y paralelamente una desprotección a nivel interno que predispone al organismo hacia las infecciones del sistema respiratorio o digestivo. Por eso es más fácil coger una gripe cuando se tiene estrés en la oficina que cuando uno está de vacaciones esquiando. Otra área sensible al estrés es el aparato reproductor. Como prima el corto plazo en una reacción de emergencia, la reproducción pierde su sentido en situaciones de peligro. De ello se deduce que las disfunciones sexuales, desde la impotencia hasta la infertilidad, pueden estar relacionadas con el estrés. No siempre los problemas de salud tienen causas múltiples, pero el estrés puede ser una de las más importantes que no se debe descartar a priori.

El componente mental en el estrés

El estrés, en principio, es una reacción que muestran todos los mamíferos. Sin embargo, los humanos tenemos una cualidad que nos distingue y que está relacionada con la autoconciencia y la capacidad de pensar. Esta particularidad afecta significativamente al estrés, sobre todo en la vida moderna. Veamos por qué.

Si el perseguido por el oso fuera un cachorro de lobo, habría actuado de la misma manera y luego su vida volvería a la normalidad. Pero un humano puede quedar tan impactado por la experiencia que tenga pesadillas, que siempre hable del mismo asunto, que se culpe por haber salido solo, que no quiera volver a salir de la cueva ni quiera volver a comer bayas o que a partir de aquí desee dedicar su vida a exterminar al oso. Esto es estrés postraumático, que se describió en los soldados que volvían de la guerra de Vietnam y suponían un desafío para los servicios de salud del ejército. Este tipo de estrés tiene un gran impacto en la vida de las personas y dura meses o incluso años después del acontecimiento, debido a que la mente mantiene vivo el peligro.

Como los osos cavernarios se extinguieron y nuestra civilización casi ha domado a la naturaleza, los desafíos a los que nos enfrentamos en el mundo occidental que vivimos no suponen luchar o huir para sobrevivir. No obstante, el estrés es omnipresente. ¿Cómo puede ser esto? Porque el mecanismo de emergencias se activa igualmente con las amenazas modernas, que se denominan *demandas de tipo psicosocial*. Cuando las demandas de una situación aparentan ser mayores que las capacidades de una persona, aparece el estrés. Estas situaciones son, por ejemplo: un despido y entrar en el paro, una ruptura matrimonial, una pérdida financiera, un ascenso a un puesto donde uno no está cómodo, miedo a un ataque terrorista, acoso en el trabajo, rabia ante las injusticias, presión por cumplir objetivos, etcétera.

En estos ejemplos la mente percibe la amenaza como si fuera un peligro físico real, igual que el oso que corre hacia alguien. Entonces el cuerpo, a falta de mejor respuesta, activa el mecanismo de emergencias de luchar o huir, que tan bien nos ha funcionado durante miles de años. El resultado ya se lo imaginan: no hay adónde huir ni contra quién luchar. Además, como los peligros mentales son mucho más persistentes, los sistemas del organismo sufren el desgaste y empiezan a pasar factura. Problemas de sueño, tensión muscular, dolores de espalda y de cabeza, úlceras y problemas gastrointestinales, problemas cardiovasculares como tensión alta, impotencia... En fin, lo que hablamos al principio.

Otra implicación de esta reacción mente-cuerpo es que, cuando se vuelve crónica, a fuerza de repetirla una y otra vez, se facilita la aparición de problemas de salud mental. Hemos visto que el estrés se desencadena mediante dos emociones: rabia o miedo; sin embargo, cuando pasa el tiempo y la causa del estrés no se resuelve, surge la tristeza. Al miedo crónico lo podemos llamar *ansiedad, fobia* e incluso puede llegar al ataque de pánico. La tristeza que nunca nos deja puede dar paso a la depresión, uno de los mayores problemas de salud pública de nuestra época. Además de estos dos, la rabia permanente da lugar a la agresividad y la violencia. Como las emociones tienen su capítulo más adelante, las dejamos de momento, pero no olvide el lector que son una parte importante de la vida.

Cuadro sinóptico 2.

Consecuencias del estrés no resuelto

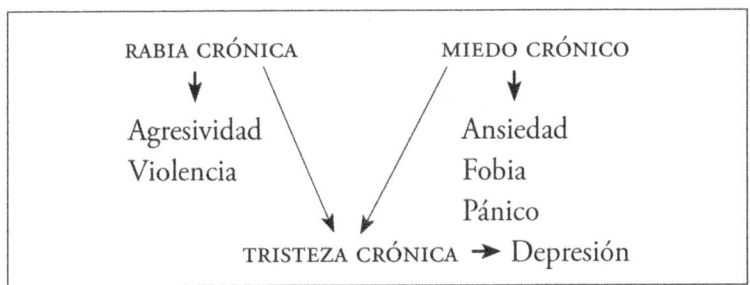

RABIA CRÓNICA	MIEDO CRÓNICO
Agresividad	Ansiedad
Violencia	Fobia
	Pánico
TRISTEZA CRÓNICA → Depresión	

La investigación del estrés empezó con biólogos, que se preocupaban de los efectos de esta reacción en los animales, es decir, de la fisiología y de los desequilibrios o enfermedades producidas por el desgaste. Pero después atrajo a los psicólogos, que empezaron a investigar las causas del estrés en personas. Primero intentaron hacer una clasificación exhaustiva de qué era estresante y qué no lo era. Tarea difícil, ya que los seres humanos tenemos gustos para todo. Un divorcio podía suponer mucho estrés o una liberación, dependía de los casos. Había personas que se agobiaban porque no llegaban a fin de mes, mientras que a otros no parecía importarles. Por si fuera poco, con acontecimientos extremos tampoco había resultados claros. Pongamos por ejemplo un terremoto: transcurrido éste, hay personas que recuperan la normalidad antes, volviendo a tener esperanza de que todo se arreglará, los llamados optimistas, frente a otros que creen que la pérdida es irrecuperable, o pesimistas. A mayor grado de optimismo, menor sensación de amenaza y, por tanto, menor reacción del estrés y mejor recuperación.

¿Entonces cómo se puede entender el estrés? ¿Es algo aleatorio? Como tiene un componente personal elevado y cuenta con una dinámica interna propia, podemos describirlo como un proceso interactivo donde el individuo actúa sobre las causas y las consecuencias del estrés usando distintas estrategias. Ello supone la entrada en escena de un nuevo elemento en el estrés, que es el comportamiento. Así, el modelo más aceptado para comprender el estrés se llama *biopsicosocial*, es decir, cuerpo + mente + comportamiento. Lo formularon Lazarus y Folkman en 1984[10] y resulta muy

10. R. Lazarus y S. Folkman, *Stress, Appraisal and Coping*, Springer, Nueva York, 1984.

ilustrador para entender el proceso, como veremos a continuación.

EL MODELO INTERACTIVO BIOPSICOSOCIAL PARA ENTENDER EL ESTRÉS

El punto de partida de estos investigadores es el hecho de que, cuando un sujeto siente estrés, comienza a desarrollar un comportamiento para evitarlo. Este esfuerzo del comportamiento para reducir el estrés, que se da siempre cuando esta sensación se convierte en algo desagradable, se llama técnicamente *estrategias de afrontamiento*. Veamos cómo funciona este modelo.

El estrés nace al encontrarse alguien con una situación desagradable a partir de la cual la persona inicia una evaluación cognitiva sobre cómo enfrentarse a ella. De la evaluación inicial se dan dos posibilidades: que se percibe como una amenaza (reacción típica de estrés) o que se asume un daño o pérdida. A esta evaluación primaria le sigue una secundaria en la que el individuo toma en consideración sus propios recursos con los que cuenta para afrontarla y las implicaciones que puedan resultar de aplicarlos. Este modelo, por tanto, está basado en la relación particular entre la persona y una situación donde percibe que las demandas concretas gravan o exceden sus recursos, por lo que se llama *interactivo*.

Este modelo biopsicosocial del estrés enfatiza la conexión de la reacción del cuerpo con el comportamiento y nos da algunas ideas para reducir el estrés que veremos en detalle en el capítulo 6, relacionado con la respuesta al estrés. No obstante, hay un aspecto del comportamiento que sí se puede intuir. Como reacción de emergencia, el estrés prima comportamientos inmediatos, en ocasiones ciegos y frecuentemente según patrones personales repetitivos. Es lo que se conoce como *reactividad*. En una naturaleza salvaje las reacciones son muy útiles: los peligros suelen ser similares —da igual que sea un oso, un puma o un lobo— y la reacción es la misma. Pero en la complejidad del mundo actual no es lo mismo que la amenaza sea de un jefe, un subordinado, un compañero o un vecino de escalera, y una reacción tipo para todos igual puede ser contraproducente. Por ello, una de las estrategias clave para reducir el estrés es la de parar y ver antes de actuar, para poder responder en vez de reaccionar. Ya veremos cómo.

EL ESTRÉS Y EL SUFRIMIENTO

Hemos visto que el estrés es una intersección donde cuerpo y mente se mezclan, donde las emociones se convierten en impulsos nerviosos y los niveles de ciertas hormonas alteran el equilibrio del organismo. De ello resulta una serie de patrones de comportamiento. Pero ¿siempre es malo el estrés?

Si en la vida no hubiera desafíos, resultaría muy monótona. Para un animal no hay problema, se contenta con las necesidades básicas, pero una persona que se aburre puede desarrollar también estrés, por ese desarrollo mental que nos caracteriza. Así que el estrés tiene también sus ventajas: además de sacarnos de situaciones de emergencia vital, nos ayuda a mejorar el rendimiento al darnos un plus de atención y de energía en ciertas ocasiones. Pero esto es sólo hasta cierto punto, puesto que a partir de un nivel de estrés no hay ya mejor rendimiento. Es una curva con forma de campana: a medida que el estrés aumenta, el rendimiento mejora hasta un punto de corte donde se invierte el proceso. En la segunda parte de la curva el cuerpo empieza a pasar factura, la mente se agobia y la salud se resiente con dolencias como las ya comentadas.

Frecuentemente se habla de *control de estrés*, pero no es un término adecuado, ya que implica un planteamiento mecanicista que es artificial. Podemos controlar cosas externas, como quien abre o cierra un grifo, pero no parece posible controlarse, como resulta evidente. Uno se puede reprimir, pero ello no le libera de la alteración fisiológica, como la subida de tensión arterial, por ejemplo, y de sus consecuencias para la salud. Puesto que el estrés supone un desequilibrio interno que intentamos reconducir, podemos hablar de *regulación*. Así, la autorregulación se produce como resultado de los mecanismos de retroalimentación (o *feedback*) mediante los cuales evaluamos la situación y corregimos, según sean de efectivas nuestras acciones. Por tanto las estrategias de afrontamiento al estrés son esfuerzos, más o menos efectivos, por regularse y devolver los parámetros internos a su punto de equilibrio. Hablaremos más de autorregulación en los siguientes capítulos al ver las emociones y la respuesta al estrés.

Antes de terminar la presentación del estrés es oportuno introducir el segundo término del título de este capítulo: *sufrimiento*, palabra que ha estado fuera de la literatura científica durante mucho tiempo pero que está recuperando su lugar. A nadie se le escapa que el estrés genera sufrimiento y que el sufrimiento produce estrés. Como no hay instrumentos para medir el sufrimiento humano, mido el malestar psicológico. Uso un cuestionario que lo desglosa en varios componentes con objeto de documentar y evaluar la eficacia de la técnica en reducir el estrés. He visto que con un entrenamiento en conciencia plena de ocho semanas se produce una disminución de hasta el 40% y el 50%[11] en el componente de ansiedad, depresión y agresividad. Tener miedo es sufrimiento; estar triste o enfadado también es sufrir.

La diferencia entre el dolor y el sufrimiento es importante: el segundo considera la integridad de la persona, mientras que el primero se limita sólo a su parte física. El sufrimiento es la vivencia de un desequilibrio: físico si es dolor, psicológico si es un estado emocional o social si es un problema relacional.

El sufrimiento surge cuando las cosas no son como queríamos y nos resulta difícil adaptarnos a ello, como dice la frase del Buda citada habitualmente: «el dolor es obligatorio; el sufrimiento es opcional».[12] El sufrimiento depende de cómo afronta cada persona esa situación difícil de su vida, esa situación que percibe como amenaza y le causa estrés. Para reducir el estrés, le presento a continuación al lector una poderosa herramienta que es el núcleo de este libro: la conciencia plena.

11. A. Martín y G. García de la Banda: «Las ventajas de estar presente: cómo el desarrollo de la atención plena reduce el malestar psicológico», *Health Psycho*, 7 (2), pp. 369-384.
12. Buda fue, entre otras cosas, un científico nato que indagó en la naturaleza del sufrimiento humano sin más herramientas que su propia experiencia, su mente y su cuerpo. De ese singular y dedicado esfuerzo de investigación contemplativa surgió un extenso «manual de autoayuda» para liberarse, cada uno a sí mismo, del sufrimiento. Estas enseñanzas se resumen en el camino óctuplo, donde uno de los elementos es la conciencia plena.

Capítulo 3
La conciencia plena y la reducción del estrés

La felicidad no se encuentra con mucho esfuerzo y voluntad,
sino que reside ahí, muy cerca del relajo y el abandono.
No te inquietes; no hay nada que hacer.
Todo lo que se eleva en el espíritu no tiene ninguna importancia
porque no tiene ninguna realidad.
No te apegues, pues; no juzgues, no te juzgues.

Lama Guendum Rimpoche

En el capítulo anterior hemos visto el estrés, sus orígenes, funciones e inconvenientes que plantea en la vida moderna. Hemos visto que el estrés se puede convertir en un problema que limite las posibilidades de disfrutar de la vida. Ahora vamos a familiarizarnos con el instrumental que nos puede ayudar a reducir el estrés y, por tanto, a vivir la vida de otra forma. Esta herramienta es la conciencia plena, una habilidad que nos acompañará en el resto del libro, a medida que vayamos desarrollando diversas aplicaciones.

Conciencia plena es una denominación extraña para casi todos nosotros y por lo tanto precisa una introducción para entender de qué se trata. Proviene de un término sánscrito, *satti*, y en inglés se traduce como *mindfulness*, es decir, «mente llena», pero no llena de ideas, ni de deseos o miedos, sino llena de la experiencia de ese momento. Veamos primero su opuesto, que nos resultará más familiar. Lo contrario de la conciencia plena sería el piloto automático. Supongamos que una persona va por la calle de vuelta a casa absorbida por los problemas de su trabajo. Esta persona pone una especie de piloto automático en su cuerpo que le permite desplazarse con seguridad, sin chocar con los peatones, ni ser atropellado, mientras su mente sigue en la oficina, recordando, proyectando o planificando. Esa actitud de desconectar de las experiencias rutinarias para ocupar la mente en otras cuestiones sería lo opuesto a la conciencia plena.

Cuando una persona que practique la conciencia plena camina, atiende a lo que ocurre en su cuerpo y en el entorno. Desde notar las sensaciones al caminar, sentir los colores, olores y el aire alrededor, hasta fijarse en los detalles del entorno. Camina con conciencia sobre el hecho de desplazarse, como alguien que está en un país exótico, que presta toda su atención a lo que está ocurriendo a medida que está ocurriendo.

Qué duda cabe de que la capacidad de pensar nos permite usar el piloto automático con facilidad. Además, parece que esta posibilidad, en un mundo donde el tiempo es un bien escaso, sea ciertamente útil y ventajosa. Pero, como muchas funciones de la mente, si se utiliza con demasiada frecuencia, tiene un coste que se presenta en dos vertientes. La primera es que perdemos conexión con la realidad, lo que puede llevar a tener accidentes, por ir despistado, o a perder oportunidades. La segunda desventaja es que esta actitud mantiene al sistema nervioso siempre a pleno rendimiento, ya que nunca se relaja, lo que tiene algunas implicaciones para la salud mental como veremos.

Puesto que el estrés tiende a centrarnos obsesivamente en las amenazas, o, si se quiere, en las preocupaciones, este estado mental fomenta la utilización del piloto automático, manteniendo la mente siempre ocupada en resolver la causa del estrés. Por tanto, nuestra primera herramienta para reducir el estrés consiste en evitar este mecanismo de piloto automático y aprender a hacer una pausa, para dejar el problema llevando la mente al momento presente. Desarrollar conciencia plena, como veremos a continuación, nos llevará a reducir el estrés.

Sin embargo, el lector que lo pruebe observará que no resulta fácil, ya que el piloto automático salta fácilmente. Lo tenemos muy bien entrenado, desde hace muchos años. Por ello el desarrollo de conciencia plena requiere un entrenamiento gradual, que permita ir entrenando esta habilidad como quien aprende a tocar un instrumento o a practicar un deporte. Para ello le propongo un ejercicio sencillo: elija una tarea rutinaria, que normalmente haga de forma inconsciente, y pruebe durante una o dos semanas a realizarla con conciencia plena, a ver qué ocurre. Puede probar con ducharse, lavar los platos, desplazarse al trabajo o cuando haga deporte en el gimnasio. Para ayudarle, le daré algunas pistas más que permitirán una mejor comprensión de la cuestión.

ENTRENAMIENTO EN CONCIENCIA PLENA

Como dice Jon Kabat-Zinn, «la conciencia plena consiste en prestar atención de forma particular, con intención, al momento presente y sin juzgar». Esta fórmula nos da algunos elementos de apoyo sobre los que sustentarnos. El primero es la atención; vamos a tener que desarrollar una voluntad inequívoca de entrenar esta nueva habilidad. Segundo, tenemos el componente del momento presente, que es donde se vive la vida. Uno se da cuenta de que, en cuanto se empieza a pensar en otra cosa, la mente se escapa del presente. El tercero tiene que ver con no juzgar; no se trata de que esta actividad resulte placentera o no, sino que no hay ningún otro objetivo: se trata de hacerlo y ver qué ocurre después. En la clínica decimos que no tiene por qué gustar; simplemente hay que hacerlo.

Como la atención debe mantenerse en el presente, hay que orientarla hacia lo que está ocurriendo en ese momento: las sensaciones corporales, los sonidos, los olores, las emociones, los sentimientos, es decir, aquello que experimenta el cuerpo-mente. No se trata de analizarlo ni de pensar sobre ello, sino sólo de vivirlo como es (no como me gustaría que fuera), permitiendo que ese momento sea así.

Cuando empiece a practicar este ejercicio, se encontrará con que los contenidos de la conciencia se pueden clasificar en tres grupos: por un lado, tenemos los pensamientos, ideas, recuerdos o fantasías; por otro, tenemos las sensaciones corporales, aquello que está vinculado a alguno de los cinco sentidos, y, por último, tenemos las emociones, que implican una tendencia a sentirse de una manera y a comportarse de forma determinada. Podríamos decir que son como tres pistas en la carpa de un circo donde constantemente se producen acontecimientos de mayor o menor intensidad como se indica en la figura 1.

Esta observación descentrada de la mente sería una función que permite distinguir los pensamientos o sentimientos propios como acontecimientos mentales, en vez de como parte del yo. De esta forma se puede presenciar la

FIGURA I. EL TRIÁNGULO DE LA CONCIENCIA

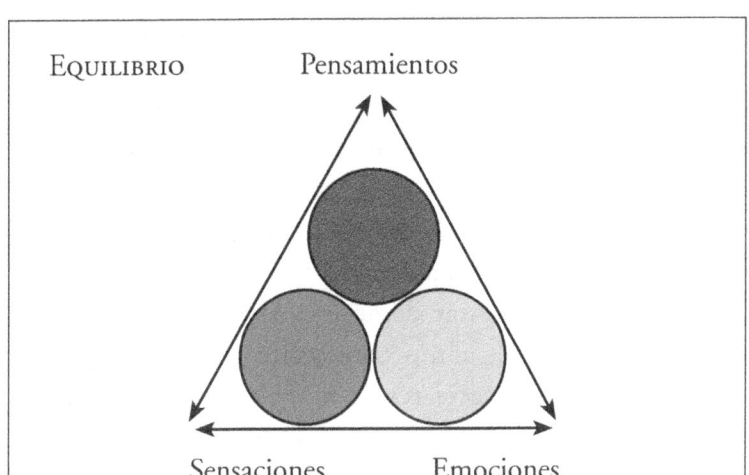

aparición en la mente de tres tipos de fenómenos que están mutuamente relacionados: los pensamientos, las sensaciones físicas provenientes del cuerpo y los estados de ánimo (emociones, sentimientos, etcétera).

Para cultivar la conciencia plena, es necesario atender a los acontecimientos mentales en tiempo real, es decir, momento a momento, pero sin juzgar o establecer preferencias. También es importante presenciar el proceso sin perseguir ningún otro objetivo, aceptando de forma abierta todo lo que ocurra, sin aferrarse a nada, en contraposición a la actitud de piloto automático, donde se da prioridad al ámbito de los «pensamientos», que forzosamente corresponden al pasado o al futuro, en detrimento de lo que está ocurriendo en el presente.

Lo presento en forma de triángulo porque los tres grupos son interdependientes. Una sensación determinada —por ejemplo, hambre— lleva a pensar rápidamente en comida; esos pensamientos llevan a una emoción determinada: alegría si usted espera comer algo bueno, o tristeza para el mendigo que no tiene qué llevarse a la boca. Cuando lo pruebe, el lector verá que puede empezar desde cualquier punto y las otras esferas se ponen en marcha de forma coordinada.

De estas tres posibilidades desde donde enfocar la conciencia, ¿cuál es la más habitual? Para muchos de nosotros, los pensamientos —estar siempre cavilando: quiero esto..., no quiero aquello..., cómo conseguiré tal cosa..., que no se me olvide...— a veces resultan agobiantes, ¿verdad? Es como un diálogo interno que no cesa, siempre sale algo. Así nos damos cuenta de que, cada vez que los pensamientos conquistan el espacio de la conciencia, la mente se desplaza hacia el pasado o hacia el futuro, es decir, se pierde conexión con el presente. Por ello, para aprender a vivir más en el presente, tendrá que agarrarse a las sensaciones y a las emociones. No se pueden tener emociones de ayer o sensaciones de mañana: estas pistas del circo de la mente operan siempre en modo presente; utilícelas.

Conseguir mantener la mente en el momento presente resulta muy útil en situaciones de estrés, como veremos más tarde. Pero no espere a que le pase algo desagradable para probar, pues sería como empezar a practicar la natación cuando se vuelca la barca. Hay que entrenar la conciencia plena en momentos rutinarios para luego poder utilizarla en la reducción de estrés.

Cuando la mente está mayoritariamente en imaginaciones sobre el futuro, ¿qué tipo de emociones tiene? Encontrará preocupaciones, prisas, agitación, incluso ansiedad. La emoción básica común a todas ellas es el miedo, que, como hemos visto en el capítulo anterior, es uno de los capitanes de la reacción del estrés. El futuro es impredecible por naturaleza y la mente se tensa y desgasta intentando que el futuro sea de una forma determinada. Ello no quiere decir que uno no deba emplear tiempo en planificar o prepararse. Pero no todo el tiempo que pasamos en las ideas del futuro es productivo. La clave está en ver si, a medida que uno proyecta sus expectativas en el futuro, se siente mejor o, por el contrario, su agobio aumenta y las preocupaciones crecen. Está claro que preocuparse en demasía no es ninguna ventaja y se pierde sentido de la proporción. Así que la conciencia plena es una herramienta que le permite volver al momento presente, donde las preocupaciones se pueden mantener a raya, recordándole que el futuro es incierto y que el presente, sin embargo, es real.

Por el contrario, si su mente se encuentra instalada en cuestiones del pasado, ¿qué estado afectivo es el habitual? Melancolía, remordimientos, angustia, tristeza, culpa, pena o similares tampoco son buenos compañeros de viaje. Es posible que uno esté recordando algo alegre pero, si le da muchas vueltas, es porque esos recuerdos le resultan mejores que su momento presente, y verá que la tristeza ya asoma. Cuando la mente explora acontecimientos pasados, lo puede hacer desde dos orientaciones: la reflexión o la rumiación. La primera es una actitud de tomar cierta distancia emocional para poder contemplar los acontecimientos de forma equilibrada, atendiendo a los factores positivos y negativos, lo que puede resultar más o menos agradable según sea el caso. La rumiación, por el contrario, sería una distorsión de este proceso donde el enfoque es claramente negativo, la emoción principal es la tristeza y uno se muestra autocrítico con carácter obsesivo. Desgraciadamente la rumiación favorece cuadros mixtos de ansiedad y depresión, lo que da grandes dosis de sufrimiento. Puesto que el entrenamiento en conciencia plena orienta la mente a permanecer en el momento presente, sin juzgar ni dejarse arrastrar por las emociones negativas asociadas al pasado, resulta muy beneficiosa frente a la rumiación, como hemos visto en nuestros experimentos.

Otra emoción relacionada con el estrés es la ira, que condiciona la respuesta de lucha ante una situación de amenaza. Los efectos de la ira en la salud han sido estudiados principalmente en relación al tipo A de conducta, que define a personas en las que predominan la impaciencia, la hostilidad y la incapacidad para relajarse. Un ejemplo de este comportamiento lo representa el tópico del ejecutivo «agresivo». El efecto negativo de la ira en la salud, combinando hostilidad y agresividad, favorece la aparición de enfermedades cardiovasculares, que forman parte de la vida de un cada vez mayor número de personas. La conciencia plena también reduce la ira, por el aumento de la empatía, lo que neutraliza la hostilidad.[13]

Si usted no cree que el estrés sea un problema en su vida, hay otra razón para entrenar la conciencia plena que tiene que ver con la felicidad. Imagine que tiene que realizar una actividad que le resulta agradable —por ejemplo, dar un paseo por la playa en una soleada mañana de invierno—. ¿Cómo cree que disfrutará más: si practica la conciencia plena, o si deja que su mente vague por fantasías de otros lugares u otros momentos? Parece claro que la conexión con el presente en momentos agradables es algo atractivo

13. S. L. Shapiro, G. E. Schwartz y G. Bonner: «Effects of Mindfulness-based Stress Reduction on Medical and Premedical Students», *Journal of Behavioural Medicine*, 21 (6), 1998, pp. 581-599.

y también es real. Pero pensemos que uno tiene que realizar una actividad desagradable, como limpiar el baño o planchar. ¿Cree que la conciencia plena le resultará útil? Es evidente que si una persona realiza una tarea concienciada, el resultado es mejor que si está distraída o enfadada por tener que hacerlo. Eso ya es una ventaja, pero hay más. La conciencia plena es vivir el momento presente sin juzgar, es decir, si limpiar el baño dura quince minutos, eso es lo que va a durar en la mente. Significa que no voy a estar enfadado antes de limpiar el baño, porque tengo que hacerlo y no me apetece, ni después de limpiarlo porque estaba sucio, o lo que sea. Si entreno a la mente a que esté en cada cosa cuando ocurre, me ahorraré el sufrimiento extra de anticipar las cosas que no me gustan, y el sufrimiento gratuito de seguir manteniendo en la mente, incluso relatándolo a los demás, cuando ya ha pasado, es decir, circunscribiendo la tarea desagradable a su periodo real, al mínimo de sufrimiento posible.

En el capítulo anterior veíamos que el estrés tiene que ver con dos aspectos: amenaza y desequilibrio. El componente de amenaza futura queda en cierta medida neutralizado por la conciencia plena, que proporciona el apoyo del momento presente. Respecto al desequilibrio, también podemos encontrar utilidades. El modelo de autorregulación descrito por Shapiro y Schwartz[14] servirá para ejemplificar estos beneficios. Estos autores explican la salud a partir de la siguiente reacción en cadena:

14. S. L. Shapiro y G. E. Schwartz: «The Role of Intention in Self-regulation: Toward Intentional Systemic Mindfulness», en Monique Boekaerts, Paul R. Pintrich y Moshe Zeidner (dirs.): *Handbook of Self-regulation*, Academic Press, Nueva York, 2000, pp. 253-273.

intención → conciencia → conexión → regulación → equilibrio → salud

Según estos autores, la intención enfocada sobre la conciencia permite conectar con la realidad personal, tanto en el ámbito interior como en relación con el entorno. El papel de la intención sería el de orientar el sentido de la atención tal y como se describe en el entrenamiento en conciencia plena, sin juzgar y momento a momento. La conexión con la realidad interna y externa del individuo facilita la autorregulación de éste y una mayor adaptación a los cambios de la vida diaria. Por tanto, tendrá como efecto una mayor capacidad para recuperar el equilibrio y, así, reducirá el impacto negativo del estrés sobre la salud de las personas.

Aquellas personas que quieran practicar la conciencia plena en la vida deben empezar de dos maneras complementarias. Una podríamos llamarla *informal*, y ocurre aprovechando cualquier ocasión para capturar el momento, esto es, darse cuenta de lo que está ocurriendo a medida que está ocurriendo, siendo consciente de las sensaciones y del estado emocional: notando cómo aparecen determinados pensamientos y sentimientos, verificando el grado de conexión que tienen con esa realidad que se despliega ante uno mismo. Por ejemplo, mientras usted come, intente que la atención se centre en los sabores, olores y texturas del alimento, dejando que surjan emociones, sentimientos, recuerdos o ideas, pero sin desconectarse del proceso o perderse en pensamientos. Intente tomar esta semana una comida en silencio, practicando conciencia plena; verá que la comida tiene otro sabor cuando se está plenamente en ello. Disfrútela.

La otra manera de practicar conciencia plena, complementaria a la anterior, es con el entrenamiento que propongo al final de este capítulo y que seguirá en los siguientes. Si el lector quiere seguir este plan de entrenamiento, como hacemos en la clínica de reducción de estrés, le propongo dos formas de leer este libro. La más efectiva, como reducción de estrés, consiste en que lea un capítulo cada semana y realice los ejercicios que se proponen al final del capítulo durante esa semana; tendrá, así, un entrenamiento equivalente al que reciben los participantes en la clínica. No obstante, si el lector está enganchado con el libro y quiere primero leerlo, antes de comprometerse, lo que resulta también sensato, cuando acabe puede ir al apéndice 6 y ponerse con el programa de entrenamiento.

En cualquier caso, hemos incluido en el apéndice 1 unas explicaciones adicionales sobre la conciencia plena, junto con un acrónimo para recordarlas mejor tomando la palabra *inspira...* Espero que le resulte inspirador.

Entrenamiento en conciencia plena
Semana 1.ª

Lea el apéndice 1 sobre las bases de la conciencia plena.

Realice el ejercicio de exploración del cuerpo, que figura en el apéndice 2, **al menos cinco veces esta semana.** Este ejercicio lo puede realizar adquiriendo el CD correspondiente, como se indica en el apéndice 7, o lo puede grabar usted mismo con el guion que le aportamos en el apéndice 2. Verá que si lo realiza diariamente durante algunas semanas, los beneficios son evidentes.

Intente capturar momentos y ver cómo funciona su conciencia. Identifique las sensaciones, las emociones y los pensamientos, pero no se identifique con ellos, ya que todos estos fenómenos van cambiando.

Elija una actividad rutinaria en su vida cotidiana y pruebe a realizarla con conciencia plena cada vez que la haga. Concéntrese en darse cuenta de lo que hace mientras lo va haciendo, como si fuera nuevo.

Coma al menos una comida esta semana con conciencia plena, en silencio, atendiendo a los sabores, texturas, olores..., masticando despacio, saboreando, consciente del valor de los alimentos, del efecto en la salud. Si surgen pensamientos, no los evite ni reprima, pero intente que su atención esté centrada lo mejor posible en esa experiencia de alimentarse conscientemente.

Capítulo 4
Las percepciones
y la realidad

El ser humano forma parte de un todo, que nosotros llamamos universo, limitado a la vez en el tiempo y el espacio. El ser humano se experimenta a sí mismo, sus pensamientos y sentimientos, como algo separado del resto —como una forma de ilusión óptica de su conciencia—. Esta ilusión es como una prisión para nosotros, limitándonos a nuestros deseos personales y al afecto de unas pocas personas cercanas. Nuestra tarea debe ser liberarnos de esta prisión, ampliando nuestro círculo de compasión hasta abarcar todas las criaturas vivas y la naturaleza completa, en todo su esplendor. Nadie es capaz de conseguirlo completamente, pero esforzarnos en este sentido es ya una parte de la liberación y es la base de nuestra seguridad interior.

Albert Einstein

La cita introductoria proviene de una carta del Nobel, publicada en el *New York Times*, donde responde en estos términos a un rabino afligido al no poder consolar a su hija menor por la muerte de su hermana. Einstein, considerado una de las mentes más inteligentes de su tiempo, nos deja así una brillante demostración de su intuición, al afirmar que las apariencias y la realidad no son lo mismo. Este entendimiento, que comparte con la filosofía oriental, sugiere que nos percibimos como seres independientes, cuando en realidad somos interdependientes. Veamos qué relación tiene esta idea con el estrés.

Al explicar las causas del estrés, hemos visto que surge cuando el individuo percibe una situación como amenazante. No tiene por qué serlo necesariamente; con que se produzca esa ilusión de peligro, es suficiente para desencadenar el proceso. La mente empezará a generar pensamientos que alimentarán la ilusión hasta hacerla casi real y el cuerpo desarrollará la sintomatología descrita. Así que el primer eslabón de la cadena de generación del estrés es la percepción. Le vamos a dedicar este capítulo para ver qué posibilidades nos ofrece el aplicar la conciencia plena y reducir el estrés en este punto.

Hasta hace poco se consideraba que la mente funcionaba como un procesador, como un robot. Una estimulación externa daba lugar a unos impulsos nerviosos que originaban una respuesta motora. Un modelo que encajaba muy bien con el modelo mecanicista, que prevalece aún en la ciencia médica. Sin embargo, recientes experimentos han forzado un cambio de paradigma. Varela[15] y su equipo han comprobado con estímulos auditivos que existe una pausa entre la sensación y la percepción que luego origina la acción, es decir, que las neuronas que se estimulan con un sonido se apagan y luego otras distintas se encienden para iniciar lo que sería la respuesta motora. Este descubrimiento confirma las explicaciones[16] que describen el funcionamiento de la mente como sucesivos momentos discontinuos de actos cognitivos, donde la impresión inicial de un fenómeno es

15. D. Goleman: *Destructive Emotions. A Scientific Dialogue with the Dalai Lama*, Bantham Books, Nueva York, 2003. Editado en castellano como *Emociones destructivas*.
16. F. Varela, T. J. Evan y E. Rosch: *The Embodied Mind: Cognitive Science and Human Experience*, MIT, Cambridge (MA, Estados Unidos), 1991. Editado en castellano como *De cuerpo presente*.

neutral y va seguida de otra fase conceptual donde el fenómeno se compara dando lugar a una emoción, de la que surge una tendencia a actuar en un sentido determinado. Esta tendencia, que normalmente se ejecuta, es donde la voluntad puede cambiar, resultando en una acción alternativa. Este proceso se ha podido observar con una tecnología llamada *electroencefalografía* y que está permitiendo grandes avances en el conocimiento del cerebro.

El interés de este descubrimiento radica en que demuestra que el comportamiento no es automático, sino que hay un momento donde se pueden dar distintas respuestas a un estímulo. Aquí tenemos una estructura biológica que muestra la libertad del individuo. Una libertad que coexiste con el condicionamiento previo, ya que estas posibilidades, como veremos después, están condicionadas por las circunstancias pasadas.

FORMAS DE PERCIBIR EL MUNDO

Pero antes de ver cómo actuar sobre el condicionamiento, veamos algunos otros ejemplos del funcionamiento del sistema nervioso en relación con la percepción.

¿Es el círculo central de la izquierda más grande?

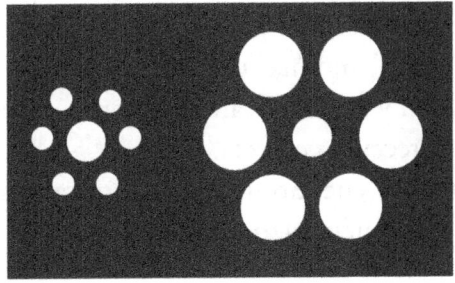

Ambos son iguales, pero el entorno condiciona la percepción del tamaño. Esto equivale a la experiencia de cómo un salario, un puesto de trabajo o una casa pueden parecer mejores o peores dependiendo de lo que tenga el vecino o mi amigo. O, si lo comparamos en relación con las expectativas, las cosas parecen mejores o peores según lo que uno esperaba. Aquí vemos los dos pasos del experimento anterior:

1. Sensación, tamaño del objeto.
2. Percepción, juicio comparativo, de donde se produce una emoción agradable o desagradable, que llevaría a una serie de acciones.

¿Pero en qué se basan las expectativas: en lo que uno necesita o en lo que tienen los demás?, o: ¿es saludable comparar siempre lo conseguido por uno mismo con lo que tienen los demás?

Desde una perspectiva de reducción de estrés, podemos afirmar que tener expectativas elevadas o fijarse en aquellos que tienen más que uno es adaptativo si sirve como estímulo para dar lo mejor de uno mismo. Pero cuando este afán de logro implica una obligación, interna o externa, surge el miedo al fracaso o la rabia ante los obstáculos, apareciendo el desagradable estrés. Por lo tanto, es tan importante saber ponerse objetivos estimulantes como saber cuándo hay que abandonar un objetivo porque las circunstancias cambian y no justifican el esfuerzo, o porque ya no se está en la dirección correcta.

Aquí podemos encontrar algunas aplicaciones para las bases de la conciencia plena que presentamos en el apéndice 1:

1. Qué emociones y sensaciones me produce fijarme tal objetivo: ¿son emociones positivas, estimulantes, o hay tensión y miedo al fracaso?

2. Una vez fijado el objetivo, usted puede aplicar la conciencia plena al proceso o trabajo que le sirve para alcanzar el objetivo fijado, viviéndolo con paciencia (momento a momento), con apertura (considerando las implicaciones), con confianza en sí mismo y en sus posibilidades.

3. Conozca sus límites y fíjese si durante el proceso para conseguir el objetivo está generando emociones positivas —como alegría, confianza o energía— o, por el contrario, se producen emociones negativas —como prisa, rabia o frustración—.

4. Esté dispuesto a modificar o incluso abandonar un objetivo si ve que las circunstancias cambian, el estrés se vuelve nocivo o ya no le compensa.

Recuerde que las metas en la vida tienen valor como referencia que orienta los esfuerzos en una dirección, no como algo valioso en sí mismo. Siempre podrá fijar un nuevo objetivo en la dirección correcta, que le permita seguir avanzando de acuerdo con las circunstancias del momento.

Veamos otro ejemplo. Intente unir los siguientes nueve puntos con cuatro líneas rectas que se puedan dibujar sin doblar el papel, ni levantar el bolígrafo ni recorrer dos veces la misma línea.

●   ●   ●

●   ●   ●

●   ●   ●

No es sencillo y puede resultar frustrante, pero inténtelo fijándose en cómo se siente, qué emociones tiene, qué sensaciones corporales surgen de resolver o no resolver este ejercicio. La solución la puede encontrar al final del capítulo, pero antes de recurrir a ella haga otro intento. Respire relajadamente y pruebe a practicar la conciencia plena, fíjese si de esta manera la tensión mental cambia. Pruebe si puede enfrentarse al desafío de otra forma, como si fuera un juego. No se trata de que con ello la solución sea más sencilla, aunque muchas veces la tensión nos impide resolver los problemas, sino simplemente vivir la experiencia de otra forma. (Si se da por vencido o quiere confirmar su solución, puede encontrarla al final de este capítulo. Quizás ha encontrado otra solución distinta que es más creativa.)

No es fácil. La mente interpreta los nueve puntos como un cuadrado y condiciona las soluciones dentro de ese supuesto marco de actuación. Fíjese si en sus intentos ha dejado que el bolígrafo explorase las zonas exteriores al cuadrado o simplemente se ha limitado a desplazarse dentro de él. Habrá notado que no se puede dar con la solución sin salir del «marco»: hay que permitirse explorar territorios fuera de los habituales si queremos encontrar solución a los problemas complejos.

La moraleja del ejercicio es que existen también marcos ocultos en nuestra vida que condicionan el tipo de respuesta que damos a un problema. Un marco oculto está relacionado con mi educación, sobre lo que me dijeron que podía o no podía hacer, si tuve una infancia estimulante o, por el contrario, limitante. Otro marco pueden ser mis creencias u opiniones, que de alguna forma condicionan cómo veo la vida y establecen unos patrones de respuesta característicos. No estoy diciendo que las creencias estén mal; creo que son útiles en ocasiones, pero también pueden ser una limitación en otros momentos. Piense que las creencias no son algo tan fijo como parece. Colón se atrevió a desafiar la creencia de que la Tierra era plana y así descubrió América. Einstein se atrevió a considerar que los seres humanos no son independientes. La ecología moderna, con la teoría de Gaya[17] como ejemplo, insiste cada vez más en la dependencia entre los seres vivos. ¿No abordaríamos los problemas actuales de forma distinta si considerásemos de verdad que todos los seres somos interdependientes?; no en vano, todos viajamos en esta nave espacial que se llama Tierra, y si la atmósfera se altera, lo sufriremos todos.

Esta ilusión de identidad, como menciona Einstein al igual que el Buda, es un marco oculto que resulta muy poderoso a la hora de percibir el mundo. Piense en el valor que atribuimos a lo propio frente a lo ajeno: «mi» ciudad, «mi» familia, «mi» equipo, «mi» trabajo, «mi» ropa, «mi» coche, todo ello tiene un valor especial porque tiene el posesivo *mi*. Una prenda de ropa se puede criticar cuando está en la percha de la tienda, pero si forma parte del atuendo de alguien, esa persona se sentirá atacada, cuando la prenda

---

17. La hipótesis de Gaya es un conjunto de modelos científicos de la biosfera en que se postula que la vida fomenta y mantiene unas condiciones adecuadas para sí misma, afectando al entorno. Según la hipótesis de Gaya, la atmósfera y la parte superficial del planeta Tierra se comportan como un todo coherente donde la vida, su componente característico, se encarga de regular sus condiciones esenciales tales como la temperatura, composición química y salinidad en el caso de los océanos. Gaya se comportaría como un sistema autorregulador (que tiende al equilibrio). La teoría fue ideada por el químico James Lovelock en 1969 (aunque publicada en 1979) y fue apoyada y extendida por la bióloga Lynn Margulis. Lovelock estaba trabajando en ella cuando se lo comentó al escritor William Golding, y éste le sugirió que la denominase «Gaya», diosa griega de la Tierra (Gea o Gaya).

y ella son cosas distintas. Un coche rayado por un gamberro tiene unas repercusiones estéticas y económicas, pero si es «mi» coche, el impacto emocional es contundente. Este marco oculto, además de limitar nuestra percepción del mundo, también suele ser una gran fuente de estrés o sufrimiento.

Reflexione sin juzgarse y con cariño sobre alguno de sus problemas habituales, esos que se repiten de una u otra forma durante su vida —cuestiones de trabajo o de relaciones— y averigüe si existe un marco limitante o un patrón condicionante. Intente salirse del marco, considerar otras opciones; quizá le ayude hablar con algún amigo de forma desapasionada, para tener otro punto de vista.

Otro error de percepción es el llamado *error atribucional*,[18] que tiene que ver con las causas a las que atribuimos un determinado resultado. Pongamos un proyecto que forma parte de las tareas que me encomienda mi jefa. Como suele ocurrir, el resultado depende de una serie de causas internas, o relativas a mi persona, como es la actitud, dedicación, planificación, cuidado, etcétera, y otra serie de causas externas, como el apoyo de mi jefa, el mercado, los proveedores, los recursos que me dan, el apoyo de otros departamentos, etcétera. Supongamos que el proyecto es un éxito: mi jefa tenderá a considerar que las causas externas (su olfato y apoyo, por ejemplo) han sido fundamentales y que yo sólo he aprovechado la situación. Por el contrario, si el proyecto fracasa, me resultará muy difícil justificarme diciendo que las causas externas (el mercado o la falta de apoyo de la organización) son los principales responsables,

18. S. Robbins, *Comportamiento organizacional,* Pearson Educación, México, 2004.

porque ella interpretará que mi actitud ha llevado el proyecto al traste. Parece injusto pero hay suficiente evidencia científica para saber que los humanos tenemos este error básico: de entrada atribuimos una responsabilidad distinta a las causas dependiendo de su relación con el individuo. Cuando algo nos sale bien, creemos que el mérito es propio, y cuando sale mal, la culpa es de los demás. Por eso es más común criticar, cuando las cosas salen peor de lo esperado, que felicitar cuando salen mejor. Desde un punto de vista neutral, en una empresa en crecimiento, por ejemplo, habría más razones para felicitar que para criticar; no obstante, se critica más de lo que se felicita. Una de las tareas de los consultores en formación consiste en enseñar el valor del reconocimiento y de la retroalimentación positiva, de cara a la motivación de las personas.

Así que cuando su jefe le trata injustamente, piense primero si de verdad puede haber algo de cierto en sus palabras —la autocrítica es el arma de aprendizaje más poderosa—. Si no encuentra razones para pensar que la responsabilidad sea enteramente suya, no se critique, relájese; está, simplemente, presenciando un ejemplo de error atribucional. Es cierto que hay personas que tienen este mecanismo invertido por problemas de autoestima —el fracaso es suyo, el éxito de los demás—, pero sigue siendo un error de percepción, ya que se basa en su estado emocional y no en la realidad de los hechos.

Pero no crea que esto sólo le afecta a usted. Tenga cuidado también con su comportamiento, ya que éste es un camino en ambas direcciones, claro. Como padre, me he dado muchas veces cuenta, aunque tarde, de que trataba a mis hijos de forma errónea y mis críticas eran más frecuentes que mis felicitaciones. Sufrimos el error atribucional básico, pero también se lo hacemos sufrir a los demás: no nos olvidemos de la interdependencia de Einstein.

Vayamos un poco más allá en este juego entre lo exterior y lo interior. Si yo me mojo porque llueve, puedo culpar a las causas externas, como la lluvia («¡Qué asco de tiempo!»), al hombre del tiempo por no anunciarlo («¡No tiene ni idea!»), a que no hay taxis («¡No hay derecho!») o a mi mujer («¡Tenía ella que coger el coche precisamente hoy!»). Quejarse, si no lo han notado, es estresante y sube la tensión arterial. Pero si percibo que el problema está en las causas internas, que me molesta mojarme, afea mi imagen, que no miré el tiempo que iba a hacer («¡Estamos en noviembre!»), mis esfuerzos se orientarán hacia la búsqueda de una respuesta a ese problema, lo que evita el estrés, o a experimentar la lluvia con aceptación, si no puedo hacer nada para evitarlo. Es decir, que sufro, no porque llueva, sino porque no tengo una respuesta adecuada a la lluvia. Hablaremos más de esto cuando veamos el capítulo 6.

Otro ejemplo de los mecanismos de la percepción es el trampantojo (el *trompe-l'œil*), dibujo que hace una trampa al ojo como el que ponemos a continuación.

Antes de seguir leyendo, fíjese en qué ve en esta figura. Tómese un tiempo por si encuentra algo más antes de seguir, deje que la concentración consciente en la figura permita quizás una percepción alternativa.

En este dibujo coexisten dos figuras de forma admirable (si no las identifica, puede verlas esquemáticamente al final del capítulo): una es una joven, estilo bailarina de cancán, vista desde un lateral posterior, y la otra es una anciana vista de perfil. Las dos comparten el abrigo y los demás elementos del dibujo. Cuando lo uso en clase, es un ejercicio fascinante: se puede condicionar la visión poniendo antes un esquema que recuerda a una de ellas. Entonces hay personas que sólo ven una de ellas y creen que les están tomando el pelo cuando les hablan de la otra figura; incluso solemos provocar debates sacando a dos personas con visiones opuestas a la pizarra, a ver quién tiene razón.

Este ejercicio nos permite sacar varias conclusiones sobre la percepción visual, que se pueden extrapolar a la percepción en general. La primera es que los acontecimientos nunca tienen una sola percepción, sino que distintas personas ven cosas diferentes. Dicho de otra forma, las percepciones de la realidad no son esta *o* la otra (independencia), sino que las percepciones coexisten como ésta *y* las otras, de forma que la percepción de uno puede influir en la percepción de los otros (interdependencia). La conjunción *y* es la clave. Discutir para resolver la diferencia no suele facilitar el entendimiento, sino que bloquea las posiciones. Como nos sentimos atacados, el interés se vuelve hacia defender la visión propia, en vez de considerar los méritos de la contraria. Esto es fruto de la reacción del estrés a pequeña escala.

Sin embargo, cuando surge interés, hay apertura y se dejan los juicios de lado (recuerde las bases de la conciencia plena), se puede ver lo que el otro percibe. Entonces surge la realidad con sus múltiples interpretaciones, que todas tienen su punto de verdad para la persona que las posee. Un observador con conciencia plena tampoco se identifica con su punto de vista, sabe que sólo es una percepción, no la base de su identidad; de esa forma evita sufrir si su punto de vista no es aceptado por el grupo. La conciencia plena nos da flexibilidad para estar abiertos a cambiar las opiniones y percepciones de la realidad cuando se entra en contacto con otros puntos de vista.

DESDE LA PERCEPCIÓN HASTA LA ACCIÓN

Como hemos avanzado al principio del capítulo, la interpretación seguida de la emoción es el desencadenante de la acción. Si percibo un comentario determinado como injurioso, reaccionaré enfadado, pero si esa misma frase la percibo como una tontería, puedo reírme sin darle importancia, y si lo percibo como una muestra de envidia, puede que incluso me sienta halagado y sonría. Aquí vemos cómo es la percepción y no la frase el origen de los distintos comportamientos. Si uno se ejercita en buscar distintas posibilidades de percibir la realidad, podrá tener una mayor comprensión de los hechos. Además, las distintas percepciones aportan sus correspondientes posibilidades de actuación, de entre las que se puede elegir aquella que mejor sirva a mis intereses u objetivos en la vida.

Siguiendo con el ejemplo anterior, si una frase sarcástica la emite un colega en el marco de una reunión donde acabo de presentar una propuesta, reírme de él o enfadarme no van a ser de gran ayuda para obtener su apoyo. En cambio, si considero que mi interlocutor me ataca porque cree que mi proyecto amenaza su posición, puedo considerar la forma de reducir esa amenaza integrando algún elemento suyo en la propuesta, sondear sus objeciones, reconsiderar su aportación, evitar una lucha de poder o quizás ofrecer colaboración, algo que probablemente facilite las cosas.

De este recorrido por las percepciones, relacionadas con la conciencia plena para reducir el estrés, volvemos a la idea de «parar y ver antes de actuar». Ésta es una enseñanza fundamental para reducir el estrés. Aprender a crear una pausa entre el estímulo y la reacción que le permita utilizar mejor sus recursos internos y evitar la reactividad. Cuando se encuentre en una situación inesperada, que le afecta negativamente, pare un instante y permítase sondear otras posibles percepciones. No tome la primera interpretación que le venga. Pregúntese: «¿De verdad es esto lo que parece? ¿No se puede explicar de otra forma?». Intente de verdad comprender las razones de la otra persona. *Comprender* no significa «ceder» ni «dar la razón». Si puede, pregunte a su interlocutor en vez de interpretar. Mantenga una posición abierta y suspenda el juicio momentáneamente; quizá pueda captar otras percepciones. Recuerde que la libertad nace de contar con distintos puntos de vista para poder decidir cuál es el comportamiento que mejor responde a las necesidades del momento.

Como hemos visto, el estrés nace de la percepción de una amenaza y favorece un comportamiento definido que se ejecuta de forma automática. En los animales tenemos dos dimensiones: las sensaciones y las emociones, pero en los humanos tenemos los pensamientos y las creencias que condicionan el comportamiento en un sentido o en otro. Veamos cómo.

Pongamos por ejemplo dos médicos que pasan consulta en el mismo centro de salud a una población equivalente. Uno de ellos se llama Severo, un profesional serio y muy competente. Este doctor está convencido de que muchos de sus pacientes no le hacen caso en cuestiones de alimentación y por eso vuelven una y otra vez a su consulta con los mismos problemas de salud. Ello le resulta frustrante y les atiende con cierto desinterés: ya sabe lo que le va a decir cada paciente, siempre es lo mismo, para qué escucharles. Por ello suele cortarles e incluso llega a reñirles por su falta de disciplina. El resultado es que estos pacientes salen enfadados, y cuando hablan con su mujer, que es quien cocina en casa, le cuentan con más detalle lo arrogante que es el doctor que las recomendaciones del médico. Así que, considerando lo difícil que es cambiar los hábitos alimentarios, se avanza muy poco. Así, en unas semanas el problema vuelve a aparecer y se repite la historia, algo que confirma las creencias del doctor Severo sobre la falta de voluntad de sus pacientes y refuerza su actitud firme ante ellos.

En el piso superior está el doctor Benigno, hombre igualmente competente pero de personalidad afable y cariñosa. Es una persona que escucha atentamente a sus pacientes y les crea una sensación de protagonismo. Cuando el paciente ha relatado su historia, este médico le da unas recomendaciones precisas, tomando algunos elementos del relato hecho por el paciente; además, el doctor le muestra su convencimiento de que el paciente podrá llevarlas a cabo y así corregir la dolencia. Si hay una recaída, vuelve a poner el mismo cariño y les anima de nuevo a que se ajusten a la dieta, que todo se resolverá. Estos pacientes salen con una sensación de agradecimiento que les motiva a seguir la dieta con disciplina («¡Me ha tratado tan bien! —dice uno a su mujer—. Ahora tienes que cocinar de esta forma»...). Sus pacientes se recuperan en una o varias consultas y el doctor Benigno se confirma en su creencia de que todo lo que necesita un paciente es instrucciones claras basadas en su caso y apoyo emocional para cambiar su dieta con la que mejorar su salud.

La paradoja está en que los dos médicos tienen razón, desde su experiencia, ya que los resultados confirman sus hipótesis de partida. El problema es que la hipótesis de partida de cada uno condiciona el comportamiento personal y el del paciente, facilitando que se confirme la creencia. Eso lo podemos ver en el esquema que figura a continuación de los ciclos reactivos que tan bien explica la psicóloga inglesa Brazier.[19]

FIGURA 3. CICLOS REACTIVOS

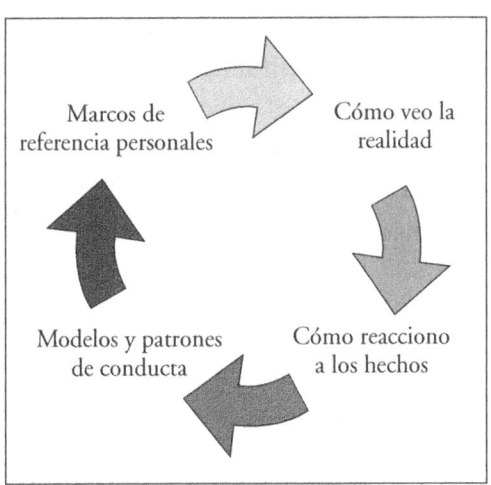

Marcos de referencia personales

Cómo veo la realidad

Modelos y patrones de conducta

Cómo reacciono a los hechos

Aquello que sembramos es lo que cosechamos. Las personas que confían en los demás suelen generar confianza en ellas, y viceversa. Desconfiamos de quien siempre desconfía. De este modelo de reactividad podemos sacar una conclusión valiosa: la forma en que percibo la realidad va a condicionar esta realidad. Como veíamos en el capítulo 2 sobre el estrés,

19. C. Brazier, *Buddhist Psychology*, Robinson, Londres, 2003.

éste surge de la relación entre el sujeto y la situación. Aquí vemos cómo se puede influir en esta relación.

De ello se deduce una idea central en la filosofía del desarrollo personal y que es fundamental en el estrés: cambiar el comportamiento de otras personas es muy difícil, sólo podemos aspirar a cambiar el comportamiento propio; sólo podemos intentar relacionarnos con los demás de otra manera. Ello requiere cambiar la percepción que uno tiene sobre cómo son las otras personas. Como resultado de este cambio de percepción, se expresarán unas emociones distintas —que es de lo que trata el siguiente capítulo—, lo que siempre tendrá una influencia en los demás. De esta forma es posible que, con el paso del tiempo, se produzca un cambio en el comportamiento de otras personas, como deseábamos. Esto significa que el «tío» Albert (Einstein) no andaba descaminado con su idea de la «interdependencia».

Solución propuesta al ejercicio de los nueve puntos

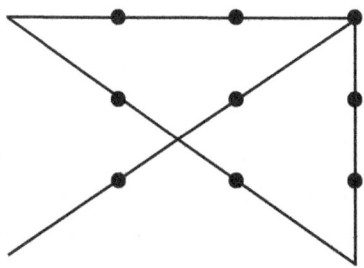

La joven y la anciana

Joven

Anciana

Entrenamiento en conciencia plena

Semana 2.ª

Reflexione sobre cuáles son sus tendencias reactivas habituales: Cómo suele interpretar la realidad y cómo reacciona a ella. Observe e intente identificar sus patrones de comportamiento habitual, sobre todo en momentos de tensión. Todos los tenemos. Después, cuando lo crea oportuno, explore alguna respuesta alternativa e intente ver cómo resulta.

Continúe realizando el ejercicio de exploración del cuerpo, al menos cinco veces esta semana. Sin expectativas de cómo debe sentirse, o si le debe gustar o no gustar, deje que sea la experiencia tal cual es, sin juzgar, limitándose a practicar lo que se dice, en un entorno favorable y tranquilo. Fíjese en cuáles son sus reacciones, experiencias y sensaciones sin querer cambiarlas.

Intente capturar momentos y registre acontecimientos agradables, uno por cada día de la semana, de acuerdo con el siguiente esquema:

Día de la semana

....

¿Cuál fue la experiencia?

....

¿Fue usted consciente de los sentimientos agradables cuando ocurrían (*sí, no*)?

....

¿Puede detallar las sensaciones corporales que tuvo durante la experiencia?

....

¿Qué sentimientos, emociones o estados mentales le surgieron?

....

¿Qué sensaciones, sentimientos o pensamientos tiene al recordarlo ahora?

....

Continúe realizando alguna tarea rutinaria con conciencia plena.

Capítulo 5
Emociones en acción

Toda emoción
sigue ordenadamente una pauta,
obedece a un dictado,
interpreta concienzudamente la vida.

Siempre nos dice algo
sabroso y repentino
sobre la realidad que examina.

Tiene rigor de axioma,
pero no sólo es eso,
deduce sin titubear,
no vacila como la claudicante razón,
menesterosa, torpe, indecisa.

Carlos Bousoño[20]

Hemos visto que la percepción antecede y condiciona la acción, pero no lo hace directamente, sino mediante un poderoso agente que es la emoción. Esta palabra deriva de *emovere*, que en latín quiere decir «poner en movimiento». La emoción, como veremos en este capítulo, pone en movimiento tanto las funciones internas del organismo como el comportamiento externo. Aunque hasta hace muy

---

20. «Investigación del tormento», publicado en el libro de J. A. Marina: *El laberinto sentimental*, Anagrama, Barcelona, 1996.

poco tiempo las emociones eran ignoradas por la ciencia, porque parecían demasiado subjetivas y no se podían medir, ahora son uno de los asuntos más interesantes dentro de las neurociencias.

El neurocientífico António Damásio,[21] galardonado en el 2005 con el Premio Príncipe de Asturias de Investigación Científica y Técnica, explica que las emociones tienen dos funciones biológicas. La primera tiene que ver con producir una reacción específica para la situación que la induce, es decir, coordinar un comportamiento determinado —por ejemplo, el miedo al oso cavernario induce una respuesta automática de huida hacia un refugio seguro—. La segunda razón biológica tiene que ver con el cuerpo y cómo la emoción regula las funciones internas que preparan en el cuerpo esa reacción específica. Así, la emoción nace en la mente pero coordina el cuerpo y el comportamiento; no es de sorprender, entonces, que desempeñe un papel protagonista en el estrés.

Las emociones han recibido mucha más atención en las artes que en las ciencias. Los escritores, conscientes de la importancia de los sentimientos en la vida, las observaban, experimentaban y describían con todas sus tonalidades. En este capítulo voy a acotar nuestro objetivo en dos sentidos: primero, me centraré en las emociones, como mecanismos que coordinan mente y cuerpo orientando el comportamiento —para ello prescindiré de los sentimientos, que, según José Antonio Marina, serían la conciencia de esa emoción interpretada dentro de un marco cultural determinado—;[22] segundo, limitaré este estudio a cuatro emo-

21. A. Damásio, *The Feeling of what Happens,* Vintage, Londres, 2000.
22. J. A. Marina, *El laberinto sentimental,* Anagrama, Barcelona, 1996.

ciones básicas y universales[23] que están relacionadas con el estrés y han salido en los capítulos anteriores.

EL MIEDO

Puesto que la reacción del estrés se bautizó como *luchar o huir*, podemos empezar por el miedo que dirige la reacción de huida. ¿Cómo reconocemos el miedo en el cuerpo? Mediante temblores, agitación, palpitaciones, tensión en la espalda, hombros y cuello, sudor frío, respiración acelerada y un nudo en el estómago, por ejemplo. Esta sintomatología se acompaña de una reacción característica de huida que puede también expresarse como una parálisis. La función del miedo está relacionada con la identificación de un peligro, y ante éste la reacción más sencilla es la de evitación o huida. La parálisis obedece a los instintos de ocultación ante un depredador, otra forma de evitar el peligro, intentando pasar desapercibido. Hasta aquí nos vale el modelo animal, pero veamos ahora qué ocurre en la mente.

Hemos visto el triángulo de la conciencia en el capítulo 3, donde las emociones se relacionan con unas sensaciones determinadas y facilitan la aparición de unos pensamientos característicos. Cuando la emoción del miedo se instala en la mente, los pensamientos pasan a centrarse completamente en la causa del miedo. La intensidad de la emoción condiciona el grado de concentración de la mente en el asunto. Por tanto los pensamientos que ocurran a continuación tendrán todos un aspecto común, que es la evitación.

---

23. P. Ekman, «Emotions revealed», *British Medical Journal,* febrero de 2004.

Sin embargo, uno suele creer que son pensamientos racionales y que eso es lo más adecuado, pero es posible que este raciocinio sea principalmente una consecuencia del miedo. Podemos afirmar sin duda que el miedo es una emoción clave para la supervivencia, ya que nos hace planificar, prepararnos, defendernos y proteger a los seres queridos, ayudándonos a evitar los peligros. Pero también puede ser limitante en el sentido de que un miedo excesivo origina otras emociones, que podríamos llamar *secundarias*, como angustia, tensión, agobio, nerviosismo, inseguridad o desconfianza. En el contexto del estrés el miedo se transforma en ansiedad, y cuando esta circunstancia se vuelve grave, se puede convertir en un ataque de pánico. Esto ocurre cuando el miedo se nutre de los síntomas del propio miedo en el cuerpo, haciendo creer al individuo que sufre una crisis aguda.

El miedo es también la causa de comportamientos insanos como la impaciencia, la prisa, el perfeccionismo, el sometimiento, la incapacidad de tomar decisiones, la excesiva aversión al riesgo, comportamientos de tipo obsesivo-compulsivo, además de mentir o engañar. En ocasiones el miedo se puede desplazar a la rabia, como cuando no hay escapatoria al peligro, lo que puede ser correcto, como en el ejemplo del joven que se enfrenta al oso cavernario, o incorrecto si el miedo al jefe se traduce en agresividad en el lugar de trabajo. Veamos entonces qué ocurre con la rabia o el enfado.

LA RABIA

La rabia es la otra emoción característica del estrés y presenta una sintomatología en el cuerpo muy parecida al miedo. Quizá la principal diferencia es que la rabia activa la cara, para morder si hace falta, y los brazos, para luchar mejor. Por tanto la rabia produce una mayor activación del organismo, ya que la lucha precisa de una peligrosa proximidad del enemigo. «¿Pero sirve de algo la rabia en nuestros días?», se preguntará alguien. La respuesta es afirmativa. Sin alguna dosis de rabia no podríamos decir que no, careceríamos de interés por competir, superarnos o defendernos ante ciertos peligros de los que no se puede huir. No reaccionaríamos ante las injusticias ni defenderíamos los derechos, ni a los seres queridos, o los bienes materiales. La rabia también es fundamental para la supervivencia y se caracteriza por un comportamiento que me lleva a enfrentarme con el problema. ¿Es esto lo más adecuado? Depende. Hay situaciones en las que hay que coger el toro por los cuernos, y la rabia es útil, mientras que otras circunstancias requieren cuidado, planificación o incluso diplomacia, virtudes de las que la rabia carece. Así y todo, cuando la rabia se hace patente, aparece automáticamente una serie de pensamientos que justifican el deseo de enfrentarnos al asunto de cara y ahora mismo («¡Es que no hay derecho! ¡Me va a oír ese tío!»). ¿Quién no ha sentido esta emoción?, y más de uno se ha lanzado a escribir un mensaje electrónico incendiario, cuya tono crea un problema añadido. ¿Quién no ha sentido cómo, después de decirle a alguien cuatro frescas, se empieza a lamentar de haber tenido un reacción desproporcionada, de la que habrá que disculparse?

La rabia o la ira pueden originarnos otras emociones secundarias, como tensión, enfado, agresividad y frustración. El comportamiento agresivo se puede distorsionar en forma de autoritarismo, intolerancia, hipercrítica, superexigencia o en violencia sin más.

Además, la rabia tiende a aislar al individuo; los que se enfadan mucho nos resultan desagradables y los evitamos. Cuando la rabia es excesiva, pueden aparecer las enfermedades cardiovasculares o dar lugar a otros trastornos emocionales asociados, como la depresión.

LA TRISTEZA

Así como se produce un desplazamiento natural del miedo a la rabia, cuando no se puede huir del peligro ni luchar contra él, aparece la tristeza. Esta emoción activa una especie de modo «ahorro de energía» y se reconoce en el cuerpo por una opresión en el pecho, falta de energía, tensión en la garganta y una sensación general de abatimiento.

La tristeza es una emoción muy fértil; por ello ha inspirado grandes obras artísticas, ya que facilita la reflexión y la introspección. Estas actitudes nos permiten el aprendizaje de los errores, facilita el pedir ayuda, y que se nos ayude cuando es necesario, y, sobre todo, nos permite curarnos de las heridas psicológicas que producen las pérdidas en la vida.

La tristeza da lugar a muchas manifestaciones secundarias, como melancolía, nostalgia, compasión, pena, añoranza y sensibilidad. El patrón de comportamiento que aquí se produce está relacionado con cuidarse, cuidar o recibir cuidados, mientras la mente reflexiona, elabora e interioriza lo ocurrido. Todo ello es muy útil para el desarrollo humano, aunque, como hemos visto, en exceso puede también causar distorsiones. Demasiada tristeza puede llevar a la apatía, el desinterés, la desilusión o la desesperación. Una patología frecuente cuando la tristeza se vuelve crónica es la depresión, una enfermedad discapacitante y en aumento en nuestros días.

Es interesante mencionar que el entrenamiento en conciencia plena reduce de forma efectiva las recaídas en personas con depresiones recurrentes. Este entrenamiento específico es denominado MBCT[24] *(mindfulness-based cognitive therapy)* e incluye algunas aplicaciones diseñadas para personas que sufren depresión.

Por otro lado, hay investigadores que defienden el valor adaptativo de la depresión como un mecanismo natural para facilitar un cambio en la forma de ver el mundo y reorientar la conducta hacia un sentido distinto. Estos autores sostienen que, independientemente de los mecanismos fisiológicos mediante los que opera, la causa de la depresión puede estar relacionada con la discrepancia entre el comportamiento de una persona y sus valores personales profundos.[25] Lo más interesante de este planteamiento es que propone la depresión como una oportunidad de reestablecer un equilibrio entre los objetivos en la vida y los valores personales. Aquí tenemos el valor de la tristeza como espacio de reflexión, de oportunidad, en vez de considerar que la depresión es una desgraciada descompensación de la química del sistema nervioso, que requiere la actuación de medicamentos de forma crónica. Ello no significa que los medicamentos no sean útiles como tratamiento de los

24. J. Teasdale, Z. Y. Segal, M. Williams, V. Ridgeway, J. Soulsby y M. Lau, «Prevention of Relapse/Recurrence in Major Depression by Mindfulness-Based Cognitive Therapy», *Journal of Consulting and Clinical Psychology*, 68, 2000, pp. 615-623.

25. V. Simón, «La depresión como oportunidad», en Federico Pallardó (dir.): *Depresión. Estado actual*, Fundación Valenciana de Estudios Avanzados, Valencia, 2002.

síntomas, pero no necesariamente permiten la curación. Por ello la depresión se está volviendo una enfermedad crónica.

La tristeza compone, con las ya mencionadas del miedo y la rabia, el trío de emociones negativas. No se llaman así porque sean negativas para el ser humano —como estamos viendo, las emociones básicas desempeñan un papel fundamental en la supervivencia—, sino porque nos originan unas sensaciones desagradables que queremos evitar. Como contrapartida, la biología nos ha dado una emoción positiva que aporta el necesario contrapunto: la alegría.

LA ALEGRÍA

La alegría se siente fundamentalmente como una sensación de relajación general y una expansión en el pecho. Surge la sonrisa, se relaja la cara y surgen las ganas de establecer contacto físico, abrazar, compartir, reír, cantar, jugar, saltar. La alegría prepara el terreno para la felicidad, que es una sensación de plenitud en el momento presente, de conexión con la realidad tal como es, sin querer cambiar nada, de satisfacción con las circunstancias.

La alegría sirve para facilitar los lazos humanos, motivar, descubrir, amar. Si lo tuviéramos que resumir en una sola frase, diríamos que la alegría sirve para crecer, nutrir y desarrollarse. El desarrollo humano, tanto físico como mental, se ve favorecido si los niños viven en un ambiente alegre en contraposición a otro donde imperen las emociones negativas. Es así de contundente. La alegría es la emoción básica del amor, entendido como el deseo de la felicidad del ser amado. Además, estas emociones positivas tienen un efecto beneficioso sobre la salud, como lo demuestran Rosenkrantz y su equipo,[26] que observaron cómo el sistema inmune respondía fortaleciéndose al cultivar estados afectivos positivos, en sentido opuesto a lo que ocurría con las emociones negativas.

Cuando empezamos a aplicar la conciencia plena en la vida cotidiana, caemos en la cuenta de que las emociones aparecen y se disuelven, momento a momento. La desaparición de emociones negativas se celebra, pero cuando la alegría se desvanece, porque las circunstancias cambian, no siempre se acepta de buen grado. Quizá por ello uno recurre a recordar hechos alegres del pasado para evocar esa alegría, pero no llega a ser lo mismo. Otra alternativa es buscar la alegría de forma artificial, creando fantasías de futuro, que pueden resultar en expectativas irrealizables, o consumiendo sustancias que nos dan euforia, como el alcohol.

Una excesiva dependencia de la alegría no resulta sana e impide aprovechar las ventajas de las otras emociones anteriores. Si la alegría es excesiva o artificial, uno no planifica, ni se enfrenta a los problemas, ni reflexiona sobre las pérdidas. También puede producir una falta de sensibilidad hacia el sufrimiento ajeno, o una sensación de arrogancia como aquellos que se creen invencibles o que el éxito les sonreirá siempre.

26. M. A. Rosenkranz y otros, «Affective Style and in Vivo Immune Response: Neurobehavioral Mechanisms», *Proceedings of the National Academy Sciences*, 100 (19), 2003, pp. 11 148-11 152.

¿QUÉ HACER, ENTONCES, CON LAS EMOCIONES?

Después de esta presentación de las cuatro emociones básicas podemos concluir dos ideas: la primera es que cada emoción tiene su utilidad, donde es beneficiosa, pero también tiene su peligro de arrastrarnos hacia comportamientos distorsionados; la segunda idea es que las emociones proporcionan riqueza a nuestra experiencia vital.

Aplicando la conciencia plena sobre las emociones, desarrollamos inteligencia emocional. Reconocemos la emoción que acaba de surgir y vemos, en relación con los acontecimientos del momento, si el comportamiento que propone es el adecuado o no.

Pero hay algo más: la emoción es un mecanismo de aprendizaje a dos niveles. Primero, los estados afectivos negativos son desagradables y me dirigen hacia acciones que los disuelvan, en aras a mi supervivencia, mientras que los estados afectivos positivos son agradables y me orientan hacia ellos. Segundo, la emoción está ligada con la memoria y los acontecimientos se archivan en la memoria según el grado de intensidad emocional con el que aparecen. Por ejemplo, muchos recordamos con claridad qué hacíamos cuando conocimos los detalles del atentado del 11-M,[27] pero no recordamos con esa claridad ningún otro día de ese mes. La emoción facilita el acceso a los recuerdos que están más relacionados con ella, al igual que los pensamientos que genera. Así, una persona con depresión sólo se acuerda

---

27. Atentado islamista ocurrido el 11 de marzo del 2004 en la Comunidad de Madrid que causó 191 muertos y más de 1 700 heridos.

de episodios tristes de su vida, una persona con rabia recordará muchos agravios, la que tiene miedo tendrá recuerdos de peligros similares.

He hablado de que las emociones activan una serie de mecanismos del cuerpo, independientemente de la voluntad o de la conciencia que uno tenga de la emoción, así que ignorar las emociones no nos libra de sus consecuencias. Como no se puede evitar sentir una emoción determinada —al no depender de la voluntad—, y reprimir no es una buena solución —ya que a las consecuencias negativas de una emoción el individuo añade la tensión extra de reprimirla—, ¿qué posibilidades nos quedan? Pues sólo una: expresarla adecuadamente, o, dicho de otra forma, regular la emoción.

LA REGULACIÓN EMOCIONAL

La regulación de las emociones empieza con una declaración. Sentir las emociones, cualesquiera que sean, siempre es sano, forma parte de la realidad de ese momento y nos da una información valiosa. Sin embargo, el sentirla no significa obedecer a su dictado; el comportamiento es la clave, y es aquí donde vamos a aplicar la regulación.

Podemos presentar la regulación emocional[28] como el proceso por el cual un individuo influye en cómo siente las emociones, cuánto duran, cómo se viven y cómo se expresan. Es un proceso dinámico con retroalimentación

---

28. J. J. Gross, «The Emerging Field of Emotion Regulation: an Integrative Review», *Review of General Psychology,* 2 (3), 1998, pp. 271-299.

en el cual podemos aplicar distintas estrategias, según la personalidad, la emoción y el contexto, como se recoge a continuación:

a) **Orientando la atención** (distracción, atracción o rechazo). Son estrategias sencillas que se basan en la orientación de la atención respecto al origen de la emoción, con el fin de regularla. Por ejemplo, mirar o no hacia un accidente de coche hace que la emoción aumente o disminuya.

b) **Con acciones concretas**, como rituales, música o procedimientos que están aprendidos para evocar un estado emocional determinado. La música litúrgica está diseñada para coordinar las emociones de los feligreses durante la eucaristía. Los toreros tienen una serie de rituales que, ayudados por la música, mantienen la concentración y la conservación de un estado emocional óptimo. También ocurre con los deportistas, como tenistas o golfistas. Hay profesionales que establecen rituales propios que les dan un equilibrio mental antes de enfrentarse a situaciones difíciles.

c) **Mediante cambios cognitivos**. Estas estrategias están orientadas a reencuadrar el acontecimiento, mediante una percepción alternativa, relativizando o aceptando el hecho. Por ejemplo, la aceptación de sucesos negativos como voluntad divina, dentro de una tradición religiosa («Si Dios lo ha querido, será por algo»), o bien desde una perspectiva agnóstica («La vida no te da lo que quieres, sino lo que necesitas»). En ambos casos la convicción hace que la rabia o la tristeza ante un acontecimiento desagradable disminuya, lo que afecta positivamente a la salud.

d) **Mediante conciencia plena.** Esta estrategia consiste en regular la fuerza de la emoción enfocando la atención en las sensaciones del cuerpo o en la respiración, sin dejarse arrastrar por el torrente de pensamientos relativos al asunto. Para ello hay que ver la emoción como algo que forma parte de mí, pero con una distancia prudente, puesto que uno no es la emoción. La actitud adecuada es la de hacerse cargo de la emoción, pero reconociendo su naturaleza cambiante y transitoria. La técnica que propongo al lector para entrenar este tipo de regulación se llama *atención en la respiración* y viene detallada en el apéndice 3. Es muy efectiva, pero necesitará practicar una temporada antes de utilizarla en casos reales.

Además de regular estos sentimientos, la conciencia plena nos aporta inteligencia emocional con la que indagar en las causas de cada emoción. Piense que una emoción nace del encuentro entre sus deseos y la realidad; a medida que uno es consciente de sus deseos o expectativas, también mejora su capacidad para satisfacerlos. De este autoconocimiento es de donde nacen las únicas bases sólidas para la felicidad.

Para acabar esta presentación de las emociones básicas, tenemos un bello poema de Rumi, un sabio persa del siglo xiii, que se titula *La casa de huéspedes*[29] y dice así:

---

29. C. Barks, *The Essential Rumi*, San Francisco, Castle Books, 1997.

Ser humano es como estar en una casa de huéspedes.
Cada mañana una nueva llegada.
Una alegría, una depresión, una maldad,
algunas percepciones momentáneas, que aparecen como visitantes inesperados.

Dales la bienvenida y atiéndelos a todos ellos,
incluso si llega un grupo de lamentos
que barren violentamente tu casa y la vacían de muebles.
Aun así, haz los debidos honores a cada invitado.
Quizá te esté enseñando algo para tu regocijo.

El pensamiento oscuro, la vergüenza, la malicia,
sal a buscarlos a la puerta riendo, e invítalos a entrar.
Estate agradecido a quien quiera que venga,
porque cada uno ha sido enviado como un guía del más allá.

Esa idea de que las emociones son guías del más allá, en vez de una inconveniencia, nos puede ayudar a cambiar la percepción. En vez de orientar la búsqueda hacia fuera, atribuyendo la causa de una emoción a tal o cual fenómeno o al comportamiento de una u otra persona, siempre podemos explorar la vertiente interna. Cada emoción me dice algo de mí mismo: «Siempre nos dice algo / sabroso y repentino / sobre la realidad que examina», dice Carlos Bousoño en la cita introductoria.

Las posibilidades de desarrollo personal que surgen de una conciencia plena enfocada en las emociones son muy interesantes. Leslie Greenberg[30] distingue emociones pri-

30. L. Greenberg, *Emociones. Una guía interna*, Descleé de Brouwer, Bilbao, 2000.

marias, las más profundas, de otras secundarias o superficiales, que son las que habitualmente percibimos. Por ejemplo, la rabia que nace de los celos es una emoción secundaria; la emoción básica sería el miedo al abandono. Los celos se pueden reprimir, pero eso no libra de la tensión del miedo a ser abandonado por la pareja. Para disolver los celos de forma definitiva, hay que enfrentarse al miedo a la pérdida y desarrollar autoestima. De esta forma las emociones se convierten en un guía del más allá. ¿Qué significado tiene que haya tanto miedo en mi vida? O ¿por qué nunca estoy satisfecho con lo que tengo y estoy de mal genio? ¿Puede ser que esta tristeza indique que mi tiempo y energía no están orientados hacia lo que de verdad me importa en la vida?

No olvide el lector que estamos trabajando con esa cadena que va desde la percepción de la amenaza hasta el comportamiento reactivo. La emoción condiciona la acción pero no la obliga. La emoción orientada hacia la introspección transforma la amenaza de un comportamiento destructivo en una oportunidad de crecimiento personal.

Como estrategia de reducción de estrés, la inteligencia emocional nos aporta dos herramientas muy útiles: la regulación emocional y la percepción de las emociones negativas como aliadas en el desarrollo personal, en vez de enemigas de la felicidad. Estas dos herramientas se fortalecen con la meditación en conciencia plena y por ello es importante la práctica.

La regulación emocional la entrenamos de dos formas: una es anterior y otra es posterior a los hechos. Con una mejor conciencia de las emociones podemos identificarlas antes de que nos cojan por sorpresa, para así regular el comportamiento, de acuerdo con las necesidades de la situación. Además, podemos utilizar la técnica de atención en la respiración, descrita en el apéndice 3, como una especie de higiene personal que nos permita reducir la «basura emocional» que resulta de las interacciones negativas cotidianas y recuperar así el equilibrio. De esta forma evitamos que estas emociones, resultantes de hechos pasados, condicionen el futuro mediante ciclos reactivos. Por otro lado, la conciencia plena nos permite aproximarnos a las emociones sin juzgar ni entrar en excesivas elaboraciones mentales (pensamientos). Así, podemos sentir la emoción, pero también soltar y dejar pasar los acontecimientos. La conciencia plena nos aporta esa ancla al momento presente, evitando excesos de rumiación o de preocupación, y nos da una visión menos centrada en uno mismo, una visión que incluya, por tanto, el entorno y las necesidades de otras personas.

Entrenamiento en conciencia plena
Semana 3.ª

Lea el apéndice 4 sobre cómo hacer ejercicio físico con conciencia plena y alterne el ejercicio de exploración del cuerpo con algún ejercicio físico con conciencia plena. Practique alguna de estas tareas cada día.

Practique el ejercicio de atención en la respiración, que se recoge en el apéndice 3, **al menos diez o quince minutos seguidos cada día.** Piense que estar unos minutos con la respiración le permite regular sus emociones y recuperar el equilibrio. Es como crear un oasis en una dura jornada donde equilibrar su mente y relajar el cuerpo. Incluso puede disfrutar con ello. Experimente las posibilidades de esta meditación como soporte, como refugio ante situaciones demasiado intensas.

Sea consciente de sus emociones al capturar momentos y registre esta semana acontecimientos desagradables, uno por cada día de la semana, con el siguiente esquema:

Día de la semana

....

¿Cuál fue la experiencia?

....

¿Fue usted consciente de los sentimientos desagradables cuando ocurrían (*sí, no*)?

....

¿Puede detallar las sensaciones corporales que tuvo durante la experiencia?

....

¿Qué sentimientos, emociones o estados mentales le surgieron?

....

¿Qué sensaciones, sentimientos o pensamientos tiene al recordarlo ahora?

....

Fíjese en los momentos de estrés o de tensión emocional esta semana. Observe cuál es la causa, o estresor, y cuál es su comportamiento a consecuencia de éste. No se trata de que cambie nada; de momento sólo identifique el proceso lo mejor que pueda.

Capítulo 6
Reaccionar
o responder al estrés

Que mi camino se encuentre iluminado
y la negrura no enturbie el corazón,
discernimiento al escoger entre los frutos,
decisión para subir otro escalón,
vivir el presente hacia el futuro,
guardar el pasado en el arcón,
trabajar por el cambio de conciencia,
dibujar en el aire una canción.

Chambao[31]

En el capítulo 2 hemos visto que la reacción al estrés es un mecanismo para emergencias. Por ello, cuando se activa con demasiada frecuencia o gran intensidad, pasa factura y crea problemas de salud, reduce el rendimiento profesional o afecta a las relaciones personales. Las investigaciones realizadas sobre el estrés resaltan dos aspectos importantes: uno es el componente de amenaza para el individuo y otro es el desequilibrio que genera en el sistema mente-cuerpo. También hemos visto que hay una gran variabilidad entre las personas sobre las causas del estrés y sobre las distintas formas de reaccionar a él, que llamamos *estrategias de*

---

31. Chambao, «Dibujo en el aire», en *Pokito a poko*, Sony-BMG, 2005.

afrontamiento. En este capítulo intentaremos analizar las causas del estrés, los denominados *estresores*, y evaluaremos las estrategias de afrontamiento según su grado de utilidad. Finalmente veremos algunos componentes de la personalidad que previenen el estrés y ciertas actitudes saludables para afrontar situaciones complicadas o estresantes a largo plazo.

Las causas de estrés son múltiples y variadas, desde los grandes acontecimientos vitales (muerte de un ser querido, despido, matrimonio, enfermedad grave, etcétera) hasta la excesiva acumulación de pequeños problemas (problemas en el trabajo, con la casa, financieros, de pareja, familiares, problemas de salud, etcétera). Como la experiencia del estrés es subjetiva, hay situaciones que pueden estresar a unos más que a otros; si usted cree que tiene estrés y se siente reflejado en los síntomas que he descrito hasta ahora, es probable que lo tenga. En ese caso no tiene sentido avergonzarse ni lamentarse; las cosas son así y el estrés se puede reducir, como veremos a continuación.

Quizás haya reflexionado unos días sobre la causa de su estrés; si está relacionado con algún aspecto de su vida que se repite o si son distintas situaciones que le agobian demasiado. Si no lo ha hecho, tómese unos minutos y ponga estos estresores en una lista; así, los tendrá presentes mientras hacemos el siguiente ejercicio. Evite descripciones demasiado vagas y generales, pues no resultan operativas. Intente ser específico y enuncie el estresor como: «Mi problema es...».

En la clínica de reducción de estrés solemos hacer una lista larga que engloba los principales estresores de los participantes. En ella suelen salir situaciones como: el tráfico para llegar al trabajo, el exceso de trabajo, la falta de apoyo por parte de la dirección (el jefe), no me dicen objetivos claros, no puedo conciliar la vida familiar con la laboral, la falta de medios para hacer mi labor, la falta de educación de los clientes, el mal ambiente con compañeros, todo es urgente, no tener tiempo libre, problemas financieros, problemas con mi pareja o mis hijos, mi condición física (enfermedad), etcétera.

Para analizar los estresores, vamos a utilizar el ejercicio del círculo de control descrito por Covey,[32] que nos ayuda a reflexionar sobre las actitudes personales hacia los problemas. Si pensamos en las distintas actividades que una persona realiza, podemos clasificarlas en tres áreas:

1. Actividades cuyo resultado depende principalmente de uno mismo, que estarían en mi círculo de control.
2. Tareas donde uno no ejerce control, pero sí tiene un efecto en el resultado, que estarían en el área de influencia personal.
3. Aquellos asuntos sobre los que no tengo ninguna posibilidad de influir, pero me preocupan y les dedico tiempo aunque sólo sea para pensar, que estarían en el círculo de preocupación.

Por ejemplo, en mi labor docente, tener el material listo, la sesión preparada y llegar media hora antes para revisar el aula están en mi círculo de control; el grado de interés, atención, participación y el buen ambiente en un curso están en mi área de influencia, pero depende de la colabora-

---

32. S. R. Covey, *El 8.º hábito: de la efectividad a la grandeza*, Paidós, Barcelona, 2005.

ción de todos; en tercer lugar, el que las personas convocadas se presenten o les surjan complicaciones de última hora y no asistan a un curso es algo que escapa a mi influencia y estaría en el círculo de preocupación.

Este modelo mental se representa en la figura 4. Usando esta figura usted puede colocar los estresores de su lista tan cerca o lejos del centro como crea conveniente.

FIGURA 4.
ÁREAS DE CONTROL, INFLUENCIA Y PREOCUPACIÓN

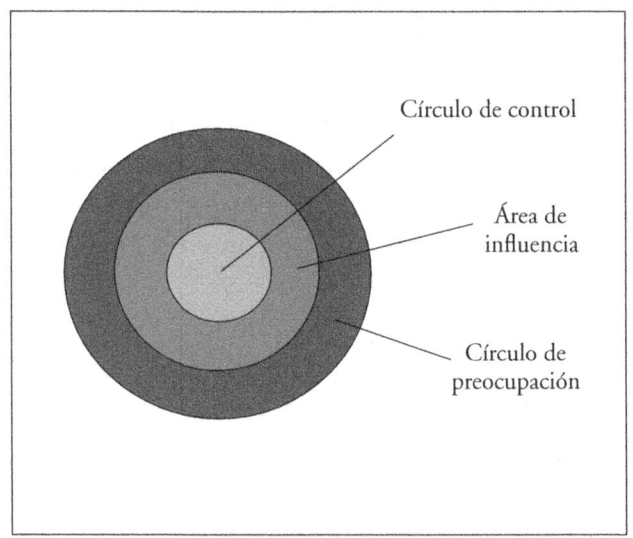

Como no se puede atender a todo por igual, hay personas que se ocupan preferentemente de las actividades centrales de su trabajo, en contraposición a aquellas que se preocupan demasiado con cuestiones periféricas.

Decimos que son proactivos aquellos que dedican el mayor tiempo y energía a las actividades que están en su círculo de control o cerca de él. Son personas que controlan la situación, toman la iniciativa, planifican con antelación y están al tanto de lo que ocurre. Por su parte, las personas que están preocupadas por circunstancias ajenas a su influencia suelen ser reactivas, ya que malgastan sus energías protestando o discutiendo asuntos sobre los que nada pueden hacer. Por ello pierden la posibilidad de tomar la iniciativa en su área de control y olvidan detalles importantes de sus tareas principales, lo que las lleva a reaccionar tarde ante los acontecimientos.

Según este modelo, las personas reactivas, a la larga, reducen su área de influencia y control, mientras que las proactivas la aumentan, como muestra la figura 5.

FIGURA 5.
AMPLIANDO EL ÁREA DE INFLUENCIA

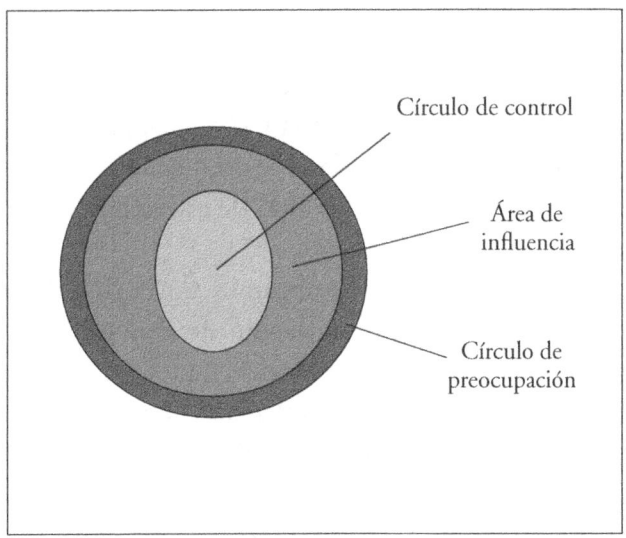

El grado de control es importante cuando hablamos de estrés: a mayor control, menor sensación de amenaza, mayor seguridad y, por tanto, menor estrés.

Por ello es interesante saber cómo podemos aumentar el grado de control y ampliar así el área de influencia y control personal. Covey cita cuatro cualidades que muestran las personas proactivas: la primera es la visión (tener un objetivo claro); la segunda es la ilusión (aprovechar la fuerza de la emoción); la tercera es la disciplina (hace falta esfuerzo y constancia), y la cuarta es la conciencia (de lo que trata este libro).

Volvamos ahora a la lista de estresores personales y fíjese en el grado de control que tiene sobre cada uno de ellos. Por ejemplo, en mi caso, los problemas de tráfico (y retrasos en los aviones) para llegar a un curso son un estresor del círculo de preocupación, el mal ambiente en una clase está en mi área de influencia (todos participamos en el ambiente laboral en nuestro entorno), mientras que la falta de tiempo libre para mí es algo de mi círculo de control; depende de cómo me organizo la agenda y si soy capaz de decir que no en algunas ocasiones. Una vez establecida la naturaleza de los estresores, veamos qué tipo de estrategias de afrontamiento son las más adecuadas.

Siempre que hay estrés, realizamos algún tipo de acción orientado a eliminar esta sensación de malestar. No siempre tenemos éxito y, en ocasiones, aquello que hacemos tiene un efecto favorable a corto plazo pero resulta nefasto a la larga. Quizá le interese parar unos minutos y elaborar una pequeña lista de qué comportamientos son habituales en usted cuando está estresado; qué cosas hace de forma distinta cuando, por ejemplo, está de vacaciones. Hay personas que en momentos de tensión comen demasiado;

otras beben muchos cafés, abusan del alcohol o fuman de más. Hay quien muestra irritabilidad y se ve envuelto en discusiones frecuentes. Otros ante la presión intentan pasar desapercibidos, evitando los problemas y la toma de decisiones. Hay gente que practica deporte para desconectar, mientras que otros se llevan el trabajo a casa quitándose horas de sueño, o se quedan trabajando hasta tarde para ponerse al día (frecuentemente para encontrar que el trabajo sigue creciendo). Otras personas se quitan el estrés dándose caprichos o con viajes de vacaciones. En fin, las posibilidades son amplias y variadas, pero ¿funcionan todas igual de bien?

Recordemos que el estrés está mediado por el miedo o la rabia. Cuando estas emociones son intensas, condicionan una reacción muy fuerte que puede resultar nefasta. Si, ante el estrés de la sobrecarga de trabajo, el miedo me impide tomar decisiones e ir avanzando en los asuntos, el problema crecerá originando más estrés cada vez, además del enfado de los afectados por la parálisis. Por ello, las estrategias que podemos denominar *de evitación* (que incluyen distracción o negación del problema) resultan poco útiles para reducir el estrés. Negar el problema no hace que se resuelva.

Si la emoción que surge es la rabia y ésta condiciona el comportamiento hacia la agresividad, se puede encontrar con dos consecuencias negativas en su entorno: la rabia produce miedo y el miedo baja el rendimiento; además, la rabia aísla y en el mundo actual la interdependencia de las personas para resolver los problemas cada vez es mayor. Por lo tanto, un primer paso hacia la reducción de estrés está en la regulación emocional de estas dos emociones intensas: el miedo y la rabia.

Puesto que el estrés viene acompañado de una emoción desagradable, muchas de las estrategias de afrontamiento al estrés son en realidad esfuerzos por deshacerse de esa sensación desagradable. Estas estrategias se dice que están basadas en la emoción y tenemos, por ejemplo, comer en exceso, fumar, beber, hacer deporte, comprar caprichos... Estas acciones actúan sobre la mente cambiando la emoción: el café nos activa y da energía; el alcohol relaja y pone distancia con los problemas; hacer deporte también relaja y libera la tensión del sistema cuerpo-mente. Otros ejemplos son: ir a un *spa* o darse un masaje; salir a cenar con amigos; ir al cine; dar un paseo por el campo; etcétera. Estas estrategias son análogas a un tratamiento sintomático que evita el malestar, pero no erradica la causa del problema. Tienen un efecto rápido, pero su utilidad es limitada.

La otra posibilidad implica erradicar la causa del estrés, lo que se conoce como *estrategias centradas en la tarea*, o *cuestión*. Por ejemplo, si mi estrés viene por no tener tiempo libre, tengo que tomar medidas con respecto a mi agenda; aprender a organizarme, a decir que no, a planificar mejor o quizá cambiar de trabajo o de estilo de vida. De esa forma conseguiré disponer de tiempo libre y erradicar mi malestar de forma definitiva. Si mi estrés es por problemas financieros, debo equilibrar mis gastos con los ingresos y actuar con disciplina. De esta forma se resuelve la causa del problema y desaparece el estrés. El inconveniente: ni es rápido ni resulta fácil.

Volvamos ahora al modelo del círculo de control. Si el estresor está en el círculo de preocupación, lo único que puede usted hacer es regular la emoción hasta aprender a convivir con el problema sin que le moleste (o hacer un cambio para erradicarlo si es posible); aquí las estrategias basadas en la emoción son las más interesantes. Por el contrario, cuando el estresor está en el círculo de control, claramente debe ir a la raíz del problema y ver la forma de resolverlo de una vez por todas. En este caso, puesto que las estrategias centradas en la tarea requieren ser proactivo (recuerde las cuatro actitudes que menciona Covey), quizá necesite combinarlo con una estrategia de regulación emocional que le ayude a reducir tensión y ver las opciones con más claridad. Por ejemplo, si mi estresor es la agresividad que expresamos mi jefe y yo en la comunicación, el camino pasa por aprender a tranquilizarme después de cada intervención (estrategias centradas en la emoción) y en aprender a comunicar sin violencia (estrategias centradas en la tarea).

Los sabios chinos lo expresan así: «Si tu problema escapa a tu área de influencia, ¿por qué preocuparte?; no hay nada que puedas hacer. Por el contrario, si tu problema se encuentra en tu círculo de control, ¿por qué preocuparte? ¡Haz algo al respecto!».

Para poder afrontar este desafío de erradicar las causas de estrés, es necesario hacer un poco de autocrítica y ver la responsabilidad propia en las circunstancias, ya que solemos culpar demasiado a los otros. Es aquí donde encontrará utilidad en las técnicas de meditación que propongo. El estrés genera emociones intensas que reducen la capacidad de encontrar soluciones valientes, definitivas o innovadoras; la meditación le proporciona un espacio de calma y serenidad desde el que podrá activar sus recursos internos y encontrar la mejor forma de resolver ese problema.

Pero hay algo más que debe considerar antes de ponerse a evaluar sus estrategias de afrontamiento habituales. El estrés genera un desequilibrio y la salud requiere recuperar ese equilibrio. Por ello, las mejores estrategias son las que reducen ese desequilibrio, aquellas que llamamos *adaptativas*. Por ejemplo, las sustancias químicas —café, alcohol o drogas— que tienen un gran poder para cambiar las emociones no son adaptativas, ya que generan adicción, con sus problemas de salud física y mental. Por el contrario, apuntarse a un grupo de yoga o ir a nadar a la piscina le ayudará a recuperar el equilibrio sin efectos secundarios. La denominada *comida basura*, que ahorra tiempo y da sensación de nutritiva, como veremos en el capítulo siguiente, no resulta una solución adaptativa al estrés, ya que aplaca la ansiedad pero afecta negativamente a la salud, lo cual nos mueve el estrés a otro campo.

El entrenamiento en conciencia plena nos permite identificar de forma temprana y precisa aquellos acontecimientos que causan estrés, para poder así actuar de forma rápida y eficaz ante ellos. Además, nos ayudará a valorar si las estrategias que utilizamos resultan adecuadas para los propósitos buscados, identificando si son o no adaptativas, es decir, si reducen el desequilibrio en el cuerpomente o no.

La aplicación de la conciencia plena al estrés nos permite pasar de «reaccionar al estrés», es decir, comportarnos de forma automática, ciega e inconsciente, a «responder al estrés», lo que supone atender a las necesidades de la situación, considerando los objetivos personales y utilizando los recursos propios. Éste es el objetivo: responder en vez de reaccionar ante el estrés o ante los desafíos de la vida. Es la diferencia entre marcar el rumbo propio o dejar que sean los acontecimientos los que guíen mi vida de forma reactiva.

ACTITUDES PARA PREVENIR EL ESTRÉS

Hemos visto que hay una relación importante entre las actitudes y el estrés. Por ello queremos citar aquí algunas actitudes ante la vida que dan lugar a una menor incidencia del estrés. La primera actitud tiene que ver con el siguiente aforismo, que a mí me ha resultado muy útil:

«Lo que resistes persiste y lo que aceptas se transforma.»[33]

Una gran parte del estrés está producido por la tensión acumulativa de enfrentarse a múltiples incidentes en los que la realidad choca con las expectativas propias. Desgraciadamente la realidad es real y no cambia para adecuarse a nuestro interés. El resultado es una corriente de negatividad y frustración después de cada incidente. Un ejemplo de este fenómeno tiene que ver con el comportamiento que muestran ante mí algunas personas de mi entorno, comportamiento que no me gusta, incluso me puede parecer inaceptable, y que desearía que cambiasen. Sin embargo, yo me he encontrado con la desagradable evidencia de que mi reacción a su comportamiento lo acentuaba. ·

A consecuencia de alguna sesión especialmente provechosa de meditación, caí en la cuenta de que la situación resultaba de la dependencia entre su comportamiento y mi reacción. Entonces entendí el aforismo y comencé a aceptar a los demás como son, no sólo entendiéndolo a nivel

---

33. O. Pujol, *Nada por obligación y todo con ilusión*, Amat, Barcelona, 2004.

intelectual, sino sintiéndolo de forma profunda, es decir, que dejé de intentar que cambiaran para adaptarse a mis gustos, por muy lógicos que me parecieran. Esta aceptación, que es una de las bases de la conciencia plena, me libera de la tensión producida por intentar cambiar a los demás y me permite comportarme de acuerdo con mis valores personales, como uno cree que debe actuar. En ese momento uno recupera la soberanía de sus actos, dejando de actuar condicionado por el comportamiento del otro. Entonces se rompe el círculo vicioso de condicionamiento mutuo y la otra persona puede gradualmente empezar a comportarse de otra forma, lo que frecuentemente ocurre. Yo no puedo cambiar a nadie, sólo con bastante esfuerzo me puedo moldear a mí mismo; así y todo, como somos interdependientes, ese cambio personal afecta al comportamiento de los demás.

La segunda actitud tiene que ver con el grado de compromiso que tenga hacia su trabajo, su familia o su estilo de vida. Las personas comprometidas sufren mucho menos estrés, o incluso nada, porque saben que sus esfuerzos son por una buena causa, porque le encuentran un sentido. Como dice Viktor Frankl en un libro imprescindible para entender el sufrimiento humano, si al hombre se le da una razón para vivir, él mismo encontrará la forma de vivir,[34] de donde se deduce lo difícil que resulta vivir sin un sentido. ¿Trabaja usted para vivir o vive para trabajar? ¿Su trabajo le proporciona satisfacciones personales o sólo dinero? ¿Sus relaciones afectivas le permiten crecer como persona

---

34. V. Frankl, *El hombre en busca de sentido*, Herder, Barcelona, 2004.

y potencian sus talentos o resultan una fuente de preocupaciones? Muchas veces el éxito se convierte en una prisión. Los deseos de tener éxito pueden ser estimulantes, pero también pueden exigir cada vez mayores cuotas de esfuerzo que quizás afecten negativamente a la salud o a las relaciones. Resulta saludable, de vez en cuando, revisar qué desea hacer uno en la vida, cuál es su misión, y ver si durante su jornada tiene ocasiones para practicar sus valores personales. Poder dedicar su tiempo y energía a algo que dé sentido a su vida y donde pueda compartir o expresar sus valores personales es una inmensa fuente de satisfacción personal. Pero no piense que para tener un trabajo comprometido uno debe irse al Tercer Mundo; muchas veces es sólo un cambio de conciencia y de actitud. Piense en su trabajo; siempre encontrará que hay una serie de relaciones humanas donde se pueden dar ciclos virtuosos de cooperación, crecimiento y aprendizaje, o ciclos viciosos de envidia, celos y competencia destructiva. Fíjese en aquellos elementos de su vida que le aportan armonía, que los hay, y vea qué puede hacer para potenciarlos. Sea consciente de aquellas actitudes o actividades que le desagradan e intente ver cómo puede hacer las cosas de otra forma.

La tercera actitud es la forma de afrontar las crisis. Desgraciadamente, una y otra vez en la vida nos enfrentaremos a situaciones difíciles, donde parece que ninguna solución es buena, o simplemente, como en la muerte de un ser querido, no hay solución. Sin embargo, toda crisis lleva un componente de amenaza unido a un componente de oportunidad. La amenaza se ve claramente y causa el estrés; la oportunidad puede incluso permanecer oculta, pero siempre está ahí. Muchas veces el impacto emocional de la crisis nos impide ver las oportunidades que lleva consigo, porque la mente se centra en la pérdida o en el peligro... De acuerdo, es así como funcionan las cosas, pero siempre se puede hacer un esfuerzo por recuperar cuanto antes el equilibrio mental desde el que observar las cosas de forma menos apasionada, con más claridad. Entonces surgen ideas, posibilidades, caminos o simplemente se toma conciencia del valor que tienen algunas cosas en la vida, como la salud o las relaciones personales.

En las crisis siempre hay una oportunidad de desarrollo personal: aquellas personas que consiguen superar una crisis no sólo sobreviven a ella; salen fortalecidas y son un apoyo y consuelo para los demás. Se llama *resiliencia* y es la capacidad que tenemos las personas de crecer ante las adversidades —aunque también nos podemos hundir, claro—. El aprendizaje sólo se produce después de cometer un fallo —cuando se acierta, es que ya se sabía—. Quizás uno se da cuenta de que está conduciendo su vida de forma inadecuada; no importa lo que haya hecho si ahora comienza a dar pasos en la que considera su dirección correcta. La fórmula con que lo expresa mi amigo y editor Jordi Nadal es $n + 1$, donde n corresponde al número de veces que uno se cae y $n + 1$ a las que se levanta. Ésta es la fórmula del caminar del ser humano por la vida, del aprendizaje continuo.

La cuarta actitud para prevenir el estrés tiene que ver con el cuidado de la salud. El estrés afecta a la resistencia del organismo y favorece la aparición de enfermedades. Piense que la situación, por mala que sea, puede empeorar si su salud se resiente. Si en su vida hay estrés, cuídese más todavía. Piense que el estrés supone una carga que su cuerpo-mente debe soportar; aliméntese de forma sana, asegúrese de que descansa lo suficiente y haga ejercicio físico. Tenga cuidado con intentar reducir el estrés de una excesiva carga laboral trabajando más y más, pues el rendimiento baja y la salud se resiente. Piense si delega lo suficiente o si sabe decir que no, o, por el contrario, es de esas personas que, por ayudar, absorbe problemas en su entorno.

Finalmente, y no es menos importante que las anteriores, se encuentra la actitud referente a las relaciones afectivas. Vimos que el estrés surge en entornos amenazantes. Cuando estamos con personas que nos aprecian, que nos escuchan sin juzgar y nos comprenden, aunque no necesariamente compartan todos los puntos de vista, nos sentimos seguros. En esas situaciones el estrés baja. Si ante una temporada estresante usted se aísla y pierde contacto con su familia o amigos, estará desperdiciando un valioso recurso para reducir el estrés. Cultive relaciones afectivas de calidad, basadas en la honestidad y en la comprensión mutua. No use las relaciones como vertedero de su negatividad, agobiando siempre con sus problemas, quejas y lamentos. Tampoco abuse de sus amistades como espacio publicitario para promocionar sus logros. Aunque los problemas y los éxitos se pueden compartir, no abuse e intente desconectar de ellos y evite que las conversaciones sean siempre de tipo negativo o publicitario. Interésese de verdad en la otra persona y hable desde su corazón. Vigile sus conversaciones porque, cuando uno está estresado, se obsesiona por sus problemas y ello puede cansar a las amistades, que también quieren tener su atención, escucha y comprensión. Utilice la conciencia plena para verificar si sus relaciones afectivas resultan de satisfacción mutua, si crean espíritu positivo. Hablaremos más de esto en el capítulo 8, referente a la comunicación.

CUADRO SINÓPTICO 3.
ACTITUDES ANTE EL ESTRÉS

ACTITUDES BENEFICIOSAS	ACTITUDES PERJUDICIALES
Aceptación	Resistencia
Compromiso	Vivir sin sentido
Ver la oportunidad de mejora, de desarrollo personal	Ver sólo la amenaza, el perjuicio, la pérdida
Cuidado especial de la salud	Abandonarse
Cultivo de las relaciones afectivas	Aislamiento

RECUPERANDO LA SOBERANÍA

Hemos visto cómo el estrés es un poderoso mecanismo de emergencia que, ante la aparición de una situación amenazante, inicia una serie de reacciones orientadas a mantener la integridad del organismo. Esta cadena de acontecimientos empieza por la percepción de la situación de una determinada forma, de la que surge una emoción que prepara el cuerpo en un sentido, lo que condiciona a la mente para actuar de una manera específica. Ésta es la reacción al estrés que en ocasiones es útil, pero en otras resulta una carga para la persona y le resta posibilidades, haciendo que su vida se vuelva gris e infeliz.

Cultivando la conciencia plena podemos reducir el estrés y recuperar la soberanía sobre la vida. Podemos establecer con mayor precisión cuándo y cómo aparece el estrés. Entrenando la conciencia plena, aprendemos a crear una pausa para parar y ver otras percepciones antes de actuar precipitadamente. Aplicando la conciencia plena en el cuerpo, podemos notar los síntomas del estrés y ver la forma más adecuada de aliviarlos, mediante ejercicio o alimentación. Con conciencia plena mejoramos la inteligencia emocional y podemos expresar las emociones de forma óptima.

Hemos visto que distintos estresores pueden requerir estrategias de afrontamiento específicas. La conciencia plena le ayudará a verificar si los resultados que obtiene son adaptativos, o si, por el contrario, el desequilibrio se mantiene.

Finalmente, hemos visto cinco actitudes para superar crisis o prevenir el estrés.

Ya hemos cubierto más de la mitad de nuestro recorrido. Ahora nos centraremos en algunas aplicaciones concretas de la conciencia plena, empezando por la alimentación en el siguiente capítulo.

Entrenamiento en conciencia plena

Semana 4.ª

Continúe alternando las prácticas de ejercicio físico con conciencia plena y el ejercicio de exploración del cuerpo. Practique alguna de estas tareas cada día.

Practique el ejercicio de atención en la respiración, que se recoge en el apéndice 3, **al menos quince minutos seguidos cada día.** Piense que estar unos minutos centrado en la respiración le permite regular sus emociones y recuperar el equilibrio. Es como crear un oasis en una dura jornada donde equilibrar la mente y relajar el cuerpo. Incluso puede disfrutar con ello. Experimente las posibilidades de esta meditación como soporte, como refugio ante situaciones demasiado intensas.

Tome conciencia de cómo se alimenta o qué consume en momentos de estrés o tensión emocional y registre esta semana aquellos consumos que le parecen interesantes desde el punto de vista del estrés, que estén relacionados con él, uno por cada día de la semana, con el siguiente esquema:

Día de la semana

....

¿Qué comió, bebió o consumió usted?

....

¿Cómo se sintió antes de tomarlo?

....

¿Cómo se sintió después de haberlo tomado? ¿Le sentó bien de verdad?

....

¿Qué sentimientos, emociones o estados mentales surgieron a raíz del hecho?

....

Capítulo 7

Previniendo daños colaterales I.
La alimentación y el consumo

Comer con conciencia plena es muy agradable.
Nos sentamos elegantemente.
Somos conscientes de las personas que se sientan a nuestro alrededor.
Somos conscientes de la comida en el plato.
Es una práctica profunda.
Cada bocado se convierte en un embajador del cosmos.

Thich Nhat Hanh[35]

Una de las primeras manifestaciones del estrés se produce en los hábitos alimentarios. Cuando aumenta la tensión emocional, solemos alterar el patrón de la alimentación, y algunos comen más de la cuenta y otros, menos. Como consecuencia de ello, engordamos o adelgazamos por estrés, siendo más frecuente en nuestra sociedad ganar peso.

Recordemos la historia del joven a quien persigue el oso. La reacción del estrés le desvía la sangre del aparato digestivo hacia los músculos que sirven para correr o luchar. Por ello sentimos esa especie de nudo en el estómago que inicialmente quita el hambre, mientras el organismo moviliza

---

35. Extraído de http://chetday.com/mindfuleating.htm. Para más información sobre el autor, véase su *web* en castellano: http://www.tnh-es.org/m_textos.htm.

las grasas internas como fuente de energía. Pasada la primera sensación de peligro o cuando el cuerpo considera que se han gastado suficientes reservas, surge un apetito mayor de lo habitual. El resultado es que con estrés comemos a deshoras, más cantidad y más rápido que de costumbre. Además, el apetito estimulado por el estrés se orienta hacia platos de alto contenido calórico, con abundantes grasas y azúcares, y con más sal de la cuenta. En vez de pedir una ensalada, preferimos espaguetis a la boloñesa con carne de segundo, y la fruta de postre la descartamos frente al chocolate o algo cremoso. Además, el estrés propicia el consumo de sustancias como el alcohol y el café. Reflexione unos minutos sobre sus patrones de alimentación en momentos de estrés o tensión y fíjese en qué cambian respecto a otros momentos.

El resultado de esta combinación de factores no es bueno para el sistema digestivo, que se tiene que enfrentar a una comida copiosa, en la que se mastica poco y hay que detoxificar grandes cantidades de alcohol, por ejemplo. Por si fuera poco, tan pronto como reaparezca el peligro, la sangre se desviará de nuevo hacia los músculos y la digestión deberá hacerse de forma precaria. Como cualquier maquinaria a la que se pide un mayor rendimiento cuando se le reducen los recursos, el sistema digestivo sufre y ello se traduce en dolencias varias. Como vimos en el capítulo 2, no es de extrañar que las úlceras estomacales o los problemas digestivos o intestinales surjan en esta situación.

Pero aún hay más. Hemos visto que el estrés moviliza las grasas internas para quemarlas como fuente de calorías y que, al incitar a comidas copiosas, activa el mecanismo de acumulación de grasas. Engordamos porque nuestro apetito es excesivo y la acumulación de grasas se hace más efectiva de lo normal, dando un balance positivo en términos calóricos. Comemos más de lo que necesitamos. Por si fuera poco, este ir y venir de grasas por la sangre produce un aumento del colesterol, uno de los males modernos, y aumenta los riesgos de un problema circulatorio. Esto ocurre cuando esas partículas de grasa que van y vienen por el torrente sanguíneo se unen a otros componentes de la sangre, como las plaquetas, y forman un trombo que atasca un conducto venoso o arterial. Como el colesterol tapiza las paredes internas del sistema circulatorio, las posibilidades de que se atasque un trombo aumentan. Para completar la situación, hemos de recordar que el estrés produce una subida de tensión arterial, que es un mecanismo por el cual las arterias se reducen para aumentar la velocidad del paso de la sangre, lo que facilita los problemas de circulación. En suma, no es de extrañar que el estrés sea la causa del 16% o el 22% de los problemas circulatorios, como veíamos en el capítulo 2.

¿Cómo puede ser que un mecanismo de supervivencia sea tan nefasto para la salud?, se pregunta uno. La explicación se reparte en dos áreas. La primera es que el estrés está diseñado para peligros agudos de tipo «naturaleza salvaje», esos de los que, si se sobrevive, desaparecen pronto. Los daños colaterales que menciono aquí con detalle necesitan meses para establecerse. Desgraciadamente el estrés moderno es menos agudo que el de la naturaleza, pero dura mucho en el tiempo. La segunda parte de la explicación tiene que ver con los hábitos de alimentación. Hasta muy recientemente la malnutrición era habitual y las calorías siempre eran escasas, algo que desgraciadamente sigue siendo habitual en muchas partes del mundo. Una persona, por mucho estrés que tuviera, no tenía posibilidades de comer demasiadas calorías. El estrés le animaba a comer más de lo habitual, ya que, a mayor apetito, más probabilidad de comer decentemente, pero la gran mayoría de nuestros antepasados no disponía de alimentos en casa para darse un atracón cada día de la semana.

Como la alimentación es fundamental para la supervivencia, tenemos tendencia en momentos de estrés a ingerir más calorías de la cuenta y a hacerlo de sustancias en otro momento escasas, pero ahora muy abundantes, como son los azúcares o las grasas. Pongamos como mejor ejemplo el chocolate, que sería el alimento predilecto de un organismo con estrés, ya que dispone de azúcares que dan energía de forma inmediata; grasas, que permiten almacenar calorías, y teobromina, que es una sustancia excitante, similar a la cafeína, que se encuentra en el cacao. Si alguien tiene el hábito de tomar una ración generosa de chocolate antes de ir a la cama, quizá para dar un final dulce a un día amargo, se encontrará con que todas esas calorías van a transformarse en grasa con una eficacia impresionante y que el excitante le puede activar sus preocupaciones a media noche, alterando su descanso.

Otro ejemplo que no podemos dejar pasar es el alcohol, que además de afectar al estado emocional, como hemos visto en el capítulo 5, aporta calorías al organismo y precisa de un complejo mecanismo de detoxificación. Sin entrar en la polémica sobre qué dosis de alcohol es sana —al parecer es dosis 0—, y cuándo empieza a pasar factura, sí podemos observar dos cosas. El consumo de alcohol supone un esfuerzo extra en el sistema digestivo y puede afectar negativamente al proceso de digestión, lo que añade otra carga. Además, el alcohol influye en el ritmo de sueño y altera el patrón de descanso, que es otra área sensible en momentos de estrés. Sin embargo, el consumo de alcohol aumenta en situaciones de estrés, por lo que resulta muy peligroso.

Éstos son dos ejemplos fáciles, pero quizá no sean aplicables a todas las personas. Hay gente que consume bebidas como la Coca-cola, que contiene azúcares y cafeína, y que por tanto es excitante. Otras personas pueden dejarse arrastrar por la comida rápida, pongamos las hamburguesas, con un alto contenido en sal y grasas, que se pueden comer de forma rápida, casi sin masticar. La bollería, sobre todo si es industrial, contiene altos contenidos en grasas y azúcares, y también resulta atractiva en momentos de estrés. Hay gustos variados pero, como vemos, existe un patrón común. Lo interesante es recordar que, si tiene estrés, debe cuidar su alimentación con esmero y para ello ser consciente de qué alimentos toma, cómo los toma y cómo se siente después de haberlos tomado. Aquí encontrará un campo fértil donde aplicar la conciencia plena, donde escuchar las señales que le transmite su cuerpo, para decidir mejor qué alimentos tomar y cuáles limitar.

LA FUERZA DEL DESEO

Hemos visto que el estrés propicia ciclos reactivos y que la conciencia plena es una herramienta para identificar cuándo ese ciclo es negativo y sustituirlo por una respuesta positiva. Como la alimentación es un buen ejemplo de la fuerza del deseo, vamos a explorar la cuestión con ayuda de la figura 7. De acuerdo con este modelo, una sensación determinada combinada con una emoción, pongamos un cosquilleo en el estómago unido a una sensación de ansiedad, produce intención de buscar algo que comer, pongamos chocolate. La atención se orienta hacia donde puede haber chocolate: un súper, una gasolinera o una tienda de chucherías. Si la búsqueda tiene éxito, se produce la deseada ingestión, que origina una inmediata satisfacción en el cuerpo. Esto es importante: como el azúcar se absorbe muy rápido, el cuerpo reacciona de forma inmediata proporcionando una sensación de bienestar temporal. Esta sensación de haber satisfecho el deseo produce un cambio emocional que activa la memoria correspondiente. A medida que se repite el patrón, se va fortaleciendo el hábito, que puede llegar a ser automático, como en las adicciones.

Figura 7. Ciclos de habituación

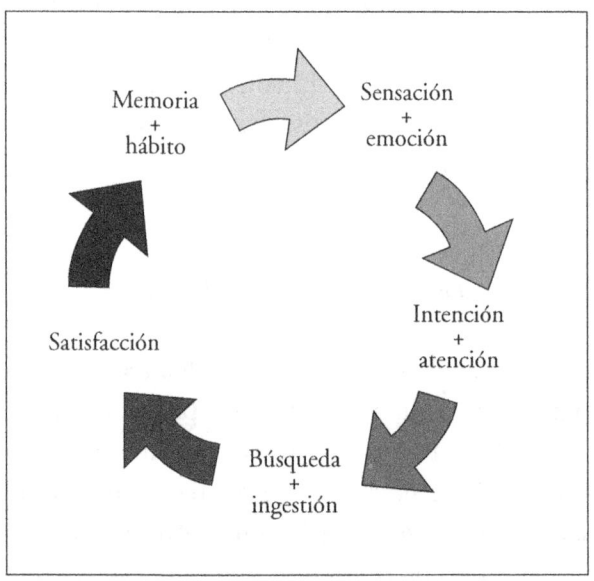

Cuanto más fuerte es el hábito, más difícil resulta romperlo. Los deseos más fuertes son los que llamamos *adicciones*: tabaco, alcohol o drogas, que tienen una gran capacidad de modificar las emociones en un tiempo muy corto. Así se establece una relación causa-efecto que condiciona poderosamente el comportamiento del organismo. ¿Cuál es el eslabón más débil de esta cadena de acontecimientos? ¿Cuál es el punto donde se puede actuar para romper la cadena del deseo? El punto débil es el momento en que surge la sensación corporal, preferiblemente antes de que aparezca la emoción correspondiente, que es cuando el deseo es menor; entonces aún no han aparecido los pensamientos que alimentan y justifican el deseo, incitando a la acción. Tampoco está la visión del objeto deseado ni el contacto con él, que activa poderosamente el deseo. Ése es el lugar donde hay que aplicar la conciencia plena, sabiendo que las sensaciones son transitorias, que la emoción se puede regular y que uno es soberano de su comportamiento. No hay ninguna sensación que permanezca mucho tiempo de forma estable. Entrenando la conciencia plena, uno cae en la cuenta de que los pensamientos que surgen están contaminados por el deseo y, por tanto, no son de fiar. Si usted no quiere consumir algo porque no le conviene, debe identificar el deseo cuanto antes y aplicar las bases de la conciencia plena para desarrollar un comportamiento alternativo que sea sano. Por ejemplo, antes de darse un atracón de chocolate del que puede arrepentirse, intente parar en una frutería y comprar dos manzanas; ello aplacará el hambre y la ansiedad, no crea adicciones y es saludable. A partir de aquí puede llevar dos manzanas cada día al trabajo, como alternativa ante el deseo compulsivo de tomarse una barra de chocolate a media mañana. Así tiene una posibilidad alternativa y la libertad para usarla cuando lo crea oportuno. Si un día se merece un chocolate, no se prive, disfrútelo, pero no caiga en la rutina. Intente desarrollar soberanía, respondiendo a las circunstancias en vez de reaccionar ciegamente a los impulsos. Si lo formulamos en un esquema, tenemos los siguientes cuatro pasos:

1. **Cultivando la conciencia plena** caemos en la cuenta de que algunos hábitos de consumo son reactivos y no adaptativos. Por ello su efecto no resulta satisfactorio a la larga.

2. Una vez identificado el problema, hay que **crear una pausa ante la aparición del deseo,** cuando se notan las primeras sensaciones. Recuerde que los deseos y las sensaciones son transitorios y no es obligatorio seguirlos. Acepte el deseo pero considere otras opciones.

3. **Llevando la atención a las sensaciones físicas o a la respiración** puede ganar tiempo, crear esa pausa. Evite que la mente entre en el torrente de argumentos justificativos del deseo, fruto del hábito más que de la necesidad. Intente buscar estrategias alternativas, innovadoras, pero no se castigue ni se enfade consigo mismo, pues eso no le ayuda. Es una carrera de fondo, lleva tiempo cambiar de hábitos.

4. Si no lo consigue, más tarde, en momentos de ecuanimidad —como después de meditar— reflexione sobre qué **opciones alternativas puede preparar para afrontar estas situaciones.** Intente hacer algo distinto, busque estrategias adaptativas encaminadas a mejorar la situación a largo plazo y aplíquelas con paciencia y disciplina.

ALIMENTACIÓN O CONSUMO

Una distinción que podemos hacer entre alimentación y consumo sería que la primera tiene como objetivo nutrir el organismo, mientras que la segunda está orientada hacia la satisfacción emocional. Es cierto que en ocasiones lo que nos nutre también nos produce satisfacción emocional. Qué duda cabe de que beber agua un día de verano, cuando uno empieza a estar deshidratado, produce una poderosa sensación de bienestar; es natural que el cuerpo premie una acción tan necesaria para la supervivencia. No obstante, cuando el organismo premia por la ingestión de más cafeína en momentos de tensión, no podemos decir que eso sea nutritivo, ni cuando la ansiedad del tabaquismo se aplaca con un nuevo cigarro. En estos casos estamos consumiendo la salud.

No quiero parecer un ortodoxo de la comida sana, pues no lo soy. Creo que se puede disfrutar de muchas cosas: café, alcohol, dulces, carnes y grasas si se consumen de forma consciente. Lo importante es que estos alimentos no resulten negativos para la salud, ya que el estrés puede incitar a un consumo excesivo por un placer efímero a costa del bienestar futuro.

Desde un punto de vista más amplio podemos considerar otros hábitos de consumo, como serían conversaciones, lecturas, programas de radio o televisión o películas, que también se ven afectados por el estado de ánimo y pueden generar comportamientos reactivos no adaptativos, es decir, que contribuyen a mantener el desequilibrio. En este campo tenemos estrategias de afrontamiento al estrés, como la compra compulsiva, las actividades violentas, el juego o el sexo compulsivo. Un aspecto que debe tenerse en cuenta es que todo lo que consumimos afecta al estado emocional. Si voy a ver una película, es porque deseo tener una experiencia emocional determinada, normalmente positiva. Las conversaciones son otra forma de intercambio emocional que están a medio camino entre consumo y comunicación, que es el siguiente capítulo. Por ello, reflexione y fíjese en sus consumos de conversaciones. Observe qué efecto tienen sus diálogos, tertulias o discusiones en sus emociones. ¿Es positivo o negativo? ¿Le animan o, por el contrario, le agobian, enfadan o deprimen? Si es negativo, ¿es eso lo que usted pretendía? Si no es así, ¿qué cree que le ocurre? ¿Piensa que esas conversaciones son positivas para sus contertulios? ¿Hay algo que pueda hacer usted para aportar emociones positivas al respecto? ¿Cree que sus interlocutores cultivan emociones positivas o negativas? Hablaré de ello en el siguiente capítulo.

Entrenamiento en conciencia plena
Semana 5.ª

Practique cuarenta y cinco minutos de meditación guiada, como se describe en el apéndice 5, **en días alternos, y los otros días haga cuarenta y cinco minutos de ejercicio físico con conciencia plena**, como se describe en el apéndice 4.

Los días en que no haga meditación guiada practique al menos quince minutos de atención en la respiración, cuando prefiera.

Tome conciencia de sus comunicaciones en momentos de estrés o tensión emocional y registre esta semana aquellas que le parecen difíciles, una por cada día de la semana, con el siguiente esquema:

Día de la semana

....

¿Cuál fue la situación?

....

¿Cómo se originó?

....

¿Cuál era su objetivo y qué fue lo que realmente consiguió?

....

¿Y los objetivos de la otra u otras personas? ¿Qué consiguieron?

....

¿Qué sentimientos, emociones o estados mentales surgieron después?

....

¿Ha podido usted resolver el asunto después? ¿De qué forma?

....

Capítulo 8
Previniendo daños colaterales II.
La comunicación consciente

¿Qué tal si cuando no quieres, dices que no; cuando te hace daño,
lo dejas; cuando necesitas pedir, lo pides; cuando quieres dar, se lo das;
y cuando quieres llorar o gritar, lo dejas salir?
¿Qué tal si cuando quieres comunicarte, te abres?
¡Y cuando estás contento, te ríes!
¿Qué tal si te quedas aquí y ahora, lo único real, en donde hay tanto
que no requiere ni del pasado ni del futuro?
¿Qué tal si te das a tu esencia y te dejas Ser verdadero?

Claudio Casas[36]

El estrés que sufrimos es mayormente de tipo psicosocial y, por lo tanto, está íntimamente ligado a nuestras relaciones personales. Por ello la comunicación es la otra víctima colateral del estrés, como vamos a ver en las siguientes páginas. Además del tipo de conversaciones que buscamos en momentos de tensión emocional, tenemos el estilo con el que comunicamos en momentos de tensión. Pero antes de pasar a ver los detalles de la comunicación podemos reflexionar un instante sobre lo que ocurre en una comunicación difícil o conflictiva. Recuerde su última discusión: ¿qué le ocurrió?, ¿cómo se originó el conflicto?

36. Claudio Casas, «La paleta del pintor» (extraído de Àlex Rovira: *La brújula interior*, Urano, Barcelona, 2003).

Las comunicaciones difíciles tienen dos implicaciones importantes: una es la capacidad de movilizar emociones negativas, como el miedo o la rabia, generando estrés; la otra característica de una comunicación difícil es que las personas no consiguen su objetivo, creando un problema añadido en torno a su relación o sus posibilidades de entenderse en el futuro. Veamos qué ocurre.

Cuando el estrés está coordinado por la emoción miedo, el estilo de comunicación preponderante recibe el nombre de *pasiva*. Como el miedo activa un mecanismo de evitación, la comunicación se ve afectada por ello. Estas personas dirán que sí a todo, simplemente por evitar el conflicto, no presentarán objeciones, ni afrontarán los asuntos en profundidad. El miedo les hace renunciar a sus derechos. Por ello suelen hablar en voz baja, mientras presentan una postura corporal de hombros caídos y mirada baja, evitando el contacto visual con su interlocutor. Digamos que intentan pasar desapercibidas, evitar la confrontación. Esta actitud sumisa no siempre satisface al interlocutor y, en ocasiones, puede enfurecer o estimular la agresividad de otras personas, contrariamente a lo que se desea. Tampoco resulta agradable para quien la experimenta, que siente que los demás abusan de él y no tiene libertad de expresarse.

Si, por el contrario, la emoción que capitanea esa comunicación es la rabia, la situación es bien distinta. Uno se siente atraído hacia la confrontación; se trata de vencer al oponente, de plantarle cara, de demostrar quién es el más fuerte, quién tiene razón. Es el estilo para discutir acaloradamente, imponer los puntos de vista propios sin que importen los sentimientos de la otra persona. Se llama *comunicación agresiva* y suele estimular miedo o rabia, según sean las circunstancias de la otra persona. Si produce miedo en el interlocutor, esa victoria aparente crea mucho resentimiento en el vencido. Si la agresividad despierta agresividad en el otro, se encamina hacia un conflicto verbal, un choque dialéctico. Aunque la sensación que se experimenta es de energía y no es tan desagradable como el miedo, a medio plazo tampoco resulta agradable para ninguno de los contendientes.

Éstos son prototipos, claro. Digamos que son estilos extremos que nos sirven para identificar patrones. También pueden combinarse en el estilo *pasivo-agresivo*, que es aquel que aparenta sumisión, pero en el fondo está buscando la oportunidad para atacar por la espalda. Es un estilo donde hay miedo de dar la cara, y el interpelado dice que sí, aunque luego intente sabotear los planes o criticar por la espalda. Aquí también se busca machacar al contrario, pero sin que se note, por supuesto. Tampoco resulta muy estimulante para el que lo expresa, aunque algunos se pueden hacer expertos.

Estos tres estilos de comunicación, más o menos atemperados por las habilidades sociales de cada uno, su educación y maneras, son los que obedecen a la reacción del estrés. Sin embargo, hay una vía alternativa que nos sirve como modelo de respuesta al estrés y se llama el *estilo asertivo*. La asertividad es un camino medio que transciende el miedo y la rabia, es una actitud donde la persona respeta sus propios sentimientos y los de su interlocutor y es una postura de respeto que requiere conciencia de la situación y regulación emocional. Por ello, cuando se sabe utilizar, resulta muy eficaz para reducir los conflictos. Para que experimente con este estilo de comunicación, le propongo esta fórmula sencilla que viene a continuación, expresada como le resulte más cómoda.

TÉCNICA DE COMUNICACIÓN ASERTIVA

Primero debe aplicar la conciencia plena a descubrir y aceptar qué asuntos o actitudes en las personas que le rodean disparan su reactividad, mediante miedo o rabia. Cuando ocurra esto, en vez de aceptar algo de lo que quizá luego se arrepienta o de iniciar una lucha para vencer al contrario, pruebe esta fórmula en tres pasos:

1. Una vez que ha escuchado —no sólo dejado hablar, sino oído con atención a su oponente—, demuéstrele que ha comprendido. Comprender no supone cesión ninguna y tranquilizará a la otra parte. Es una satisfacción que siempre se puede dar y le evitará las repeticiones innecesarias de su oponente. Para ello inicie la frase con algo así como: «Te comprendo», describiendo la postura de su interlocutor, honestamente, no como un falso formalismo, que lo notará. No tenga reparos en reconocer el derecho de la otra persona a sentir lo que siente y a pensar como piensa: sus razones tendrá y es libre de tenerlas tanto como usted es libre de tener las suyas.

2. Pero esa misma libertad de expresión que usted ofrece, sin juzgar, también la expresa con la misma serenidad y convicción. Para ello puede exponer sus razones a continuación, sin hacerlas más o menos importantes. Puede iniciar esta fase con: «Sin embargo, no estoy de acuerdo contigo». En este punto uno se debe plantear si hay que dar razones de su desacuerdo o no. Si un vendedor de enciclopedias me aborda en mi casa para venderme un producto, puedo darle una razón por

cortesía solamente, pero no tengo ninguna obligación. Si es una cuestión laboral con mi jefe, probablemente deba darlas. Si es sobre gustos, como qué película ir a ver con mi pareja, quizá no tiene mucho sentido justificar racionalmente mis preferencias. En fin, este asunto queda abierto a las necesidades de la situación y a su mejor juicio.

3. Lo óptimo en situaciones así es poder dar una solución alternativa, que pueda satisfacer a ambas partes. Ello no es fácil y quizás a veces, como ante el vendedor de enciclopedias, resulte imposible. Pero aquí la intención es lo que importa, porque refleja este espíritu de «yo te respeto y me respeto a mí mismo». Por otro lado, las soluciones de beneficio mutuo sólo surgen cuando se conecta de verdad con las necesidades de ambas partes. En este caso puede concluir con: «Por eso te propongo...», donde expresa su propuesta de solución —algo aceptable para ambas partes— creativa, equilibrada, abierta. En este caso debe estar abierto a que la otra persona la acepte o haga una propuesta alternativa, que usted podrá aceptar o rechazar con libertad.

Recuerde que también puede aplazar el asunto si no hay salida, esperando otras circunstancias más favorables; siempre mejor que una confrontación estéril.

Una trampa frecuente en las discusiones es que las partes trasladan el conflicto del objetivo hacia las razones correspondientes, intentando competir sobre qué razones son más relevantes. Aquí es bueno recordar el capítulo de percepción y los peligros de creer que la forma en la que uno ve el mundo es la correcta. Digamos que la posición más segura es aceptar las razones de la otra parte, considerarlas, darles su valor, pero no ceder simplemente porque la otra persona muestre más vehemencia. Si lo hace, puede facilitar un patrón de comportamiento que le resulte negativo para usted a la larga.

Ante aquellas personas que se muestran insensibles a nuestros deseos e intentan imponer los suyos, aquellos que insisten más de la cuenta —digamos un vendedor de enciclopedias tenaz—, usted puede aplicar la técnica conocida como *el disco rayado*. Cuando su oponente insista en sus razones, usted, usando siempre las mismas palabras (esto es importante), mismo tono de voz y sin cambiar el gesto, le replica algo así como: «Gracias, pero no me interesa», añadiendo la razón que crea conveniente (siempre la misma). Así se ahorrará el esfuerzo de dar nuevas razones que darían pie a nuevas réplicas. Su oponente sentirá la firmeza de su postura y se retirará elegantemente.

La asertividad no es fácil. Hay personas que la desarrollan de forma intuitiva, evitando así caer en la discusión o en la evitación. No se trata de ser siempre asertivos, ya que puede resultar cargante y, en ocasiones, ineficaz. La recomendación es disponer de varios estilos de comunicación para las distintas situaciones. Fíjese en cuál es su estilo habitual en momentos de conflicto y pruebe otras alternativas que puedan ser más efectivas para que usted se sienta mejor y consiga sus objetivos. Practique expresar sus disconformidades de forma clara y firme, pero manteniendo un enfoque amable. No espere a la gran crisis para poner esto en práctica; necesita empezar con asuntos sencillos, en su entorno afectivo, para probar la técnica e ir desarrollando habilidad para poder hacerlo en situaciones difíciles.

COMUNICACIÓN CONSCIENTE

La conciencia plena le ayudará a identificar cuándo una situación se está desviando hacia el conflicto y le permitirá evaluar las posibilidades de recuperar el diálogo. La comunicación consciente es el resultado de aplicar las bases de la conciencia plena, que figuran en el apéndice 1, al acto de comunicar. Implica ser consciente de estos cuatro aspectos:

1. Qué estoy diciendo.
2. Cómo lo estoy diciendo.
3. Cómo me siento.
4. Qué efecto tienen mis palabras y gestos en los demás.

En ocasiones puede usted darse cuenta de que acaba de perder el equilibrio y que la conversación se le está deslizando peligrosamente hacia una discusión donde sus objetivos se perderán inevitablemente. Por ejemplo, si un padre, que necesita mantener la confianza con su hijo adolescente y la autoridad sobre él, es interpelado de malas maneras, puede sentirse atacado y reaccionar de forma agresiva, perdiendo los papeles y rompiendo el clima de armonía del hogar. En estos casos, cuando uno nota que le han pulsado esos botones que le sacan de sus casillas, puede utilizar una técnica para situaciones difíciles llamada *recuerda MA*[37] (momento de atención), que explico a continuación.

Cuando se dé cuenta del impacto emocional, en vez de reaccionar como lo hace habitualmente, haga una pausa.

---

37. P. Senge y otros, *The Fith Discipline Fieldbook*, Nicholas Brealey, Londres, 1994. En España está publicado por Ediciones Granica: *La quinta disciplina*.

Por ejemplo, el padre del ejemplo anterior, antes de replicar a su hijo, para un instante, valora la situación con conciencia plena y revisa sus opciones de evitar la desagradable discusión, de acuerdo con este guion en cinco pasos:

1. ¿Qué está ocurriendo ahora? ¿Qué estoy haciendo, sintiendo, pensando?
2. ¿Qué es lo que quiero ahora mismo? ¿Cuál es mi objetivo, qué pretendo conseguir?
3. ¿Qué estoy haciendo que me impide alcanzar mi objetivo? Entonces, lo que debo hacer es...
4. Toma una decisión diciéndose internamente algo así como: «Ahora voy a... decir, hacer o dejar pasar».
5. Entonces usted conscientemente inspira y encamina su comunicación hacia el nuevo rumbo que ha tomado.

Quizás el padre de nuestro ejemplo, en vez de replicar agresivamente, puede preguntar a su hijo por qué le habla de esa forma, usando el estilo asertivo de comunicación, dejando claro que no le ha gustado lo que le ha dicho, pero no por ello se va a dejar arrastrar a un intercambio de descalificaciones donde el daño sea mayor. Quizá le pueda comunicar con su ejemplo y su actitud que, si alguien se encuentra aburrido o enfadado, es responsabilidad suya regular esa emoción, en vez de intentar extender su malestar o sufrimiento a quienes le rodean.

EL APOCALIPSIS DE LA COMUNICACIÓN

En los diálogos conflictivos hay cuatro actitudes destructivas que activan el cerebro emocional del interlocutor hasta tal punto que le predisponen a la agresión o la retirada, incapacitándole para actuar racionalmente. Gracias a estos «cuatro jinetes del Apocalipsis de la comunicación», como los llama el doctor Servan-Schreiber,[38] podemos estar seguros de que no obtendremos lo que deseamos en la comunicación y, sin embargo, éstos son los primeros que llamamos cuando tenemos problemas en nuestras batallas afectivas.

El primero es la crítica. Criticar al interlocutor es muy peligroso; la crítica ataca la imagen que un individuo tiene de sí mismo, o su yo psicológico, y le predispone a atacar o retirarse, lo que inevitablemente rompe la comunicación. La crítica nace cuando se juzga a la persona en vez de a las circunstancias, cuando la percepción nos engaña y nos hace ver el problema en la persona y no en el contexto causal. Por ello, la crítica busca cimentar el problema en la persona causante, usa interpretaciones y suele tender a posiciones maximalistas («nunca», «siempre»...): «Estoy harta de recoger tus cosas, siempre dejas todo tirado, me molesta tu desorden». La queja se puede formular sin crítica, describiendo los hechos ocurridos, evitando interpretaciones o aseveraciones: «Cuando está la cocina sin recoger, no puedo tomar el café, necesito un poco de orden».

Después de la crítica puede aparecer el desprecio, como consecuencia de lo anterior, y consiste en la exteriorización de un juicio negativo sobre la otra persona, mediante tono de voz, gestos o palabras que pueden ser más sutiles (sarcasmo, ironía) o directos (insultos, descalificaciones). En

---

38. D. Servan-Schreiber, *Curación emocional*, Kairós, Barcelona, 2003.

este caso el yo también se siente atacado directamente y actúa de una de las dos formas siguientes. El desprecio produce una reacción de retirada o ataque. El contraataque sería la reacción agresiva, cuando la persona que se siente atacada devuelve el ataque y se comienza un ciclo amplificador del que es difícil salir airosamente. O, si no, el cuarto jinete sería la retirada, mediante una reacción pasiva o pasivo-agresiva. La comunicación termina bruscamente.

Como la comunicación es una herramienta para conseguir influir en el comportamiento de las personas, y los conflictos suelen tener un efecto perverso, propongo al lector siete ideas con las que desarrollar una comunicación no violenta. Puede usar estas ideas a la hora de expresar una queja o abordar un asunto difícil, esos que están cargados emocionalmente.

1. **Acuerde el lugar y el momento.** La reacción del estrés se facilita por las sorpresas. Si una persona sabe que se tiene que preparar para recibir una queja, es más fácil que pueda regular su emoción, se prepare el asunto y facilite la aceptación de su parte de responsabilidad en los hechos. Por ello es importante anunciar con antelación la cuestión y buscar un lugar adecuado, donde las partes estén cómodas y eviten tensión emocional innecesaria. Siempre resulta útil hacer una aproximación amigable hacia la persona, que demuestre su interés en ella, antes de centrarse en el problema.

2. **Pedir y no exigir.** Es menos arriesgado hacer una petición que una exigencia. La petición deja libertad para decir que no y evita que su interlocutor se sienta aco-

rralado, comprometiéndose a algo que no quiere o no puede cumplir, o, por el contrario, contraatacando. La diferencia está en el espíritu de la frase, no en la forma; la gente exigente no tolera la respuesta negativa. Ello no significa que, si usted está en condiciones de exigir algo, no lo haga; simplemente quiero evidenciar la diferencia entre las dos formas de solicitar de cara a su posibilidad de desencadenar un conflicto.

3. **Antes preguntar que acusar.** Aquí tenemos un caso similar: la posición más segura tiene que ver con evitar las interpretaciones sobre los antecedentes del problema e intentar confirmar los hechos con preguntas abiertas. Ello da tiempo a su interlocutor para aceptar la responsabilidad y le permite expresar su versión de los hechos. Por el contrario, la interpretación suele ser peligrosa, ya que puede haber elementos erróneos y no prepara el terreno para una aceptación. Aquí también es importante el espíritu de verificar los hechos, de dejar que su interlocutor dé su versión. Usted siempre puede creerlo o no, pero de momento la comunicación progresa. Sea honesto y, además, no haga preguntas que sean juicios o interpretaciones disfrazadas, pues la otra parte se sentirá acusada aunque se lo formule entre interrogantes.

4. **Sea objetivo y céntrese en el problema, no en la persona.** Debemos ceñirnos a lo ocurrido, evitando interpretaciones o comparaciones. Cuanto más objetiva es la queja, menos espacio deja para la crítica y menos riesgo corre de entrar en conflictos. En este punto es muy importante centrar la conversación en el problema, que es una cuestión concreta del comportamiento que se puede

cambiar —ya que, si no se puede cambiar, por qué gastar energía—. Hay que evitar la crítica hacia la persona, pues esto es lo que puede desencadenar la reacción del estrés. Por ello resulta muy útil, al acabar la conversación, demostrar confianza en la persona y en su capacidad de actuar de otra forma la siguiente vez, incluso ofrecer ayuda si es apropiado.

5. **Evitar juicios y hablar desde el yo.** Consiste en utilizar frases que empiecen por: «Yo...», y evitar las que usan: «Tú...»; de esta forma usted se mantiene en contacto con sus sensaciones, sentimientos, emociones y pensamientos. Al hablar de uno mismo no está atacando al interlocutor. Puede incluso, de forma honrada, mostrarse vulnerable y dolido para que el otro conozca cómo se siente, incluso compartir sus esperanzas frustradas.

6. **Evitar los absolutos.** Evite usar *siempre, nunca, todo, nada...* Recuerde que la emoción nos lleva a recordar todos los episodios parecidos y por ello es fácil generalizar, pero suele ser incorrecto y fuente de problemas adicionales. En este sentido evite también usar imperativos como *deberías* o *tienes que*, que reflejan ideas absolutas referidas a su percepción de la realidad y expresadas desde el tú. Es más sensato usar *yo preferiría* o *me gustaría*, que nacen desde el yo y expresan la subjetividad natural a cualquier preferencia.

7. **Recuerde que en ocasiones es mejor parar la conversación.** Si mantiene una conexión con sus sentimientos y los de la otra persona, puede notar que hay momentos en que la conversación sólo puede ir a peor, porque

una parte está cerrada o dolida y no quiere o puede salir. En estos casos hay que buscar una salida honrosa para ambas partes y posponer el asunto para después, cuando la carga emocional haya cambiado.

Entrenamiento en conciencia plena

Semana 6.ª

Practique cuarenta y cinco minutos de meditación guiada, como se describe en el apéndice 5, **cada día.**

Practique quince minutos de meditación caminando, como se describe en el apéndice 4, **cada día.**

Tome conciencia de sus problemas con la gestión del tiempo y fíjese en qué aspectos es donde se encuentran los obstáculos.

Capítulo 9

La gestión del tiempo
y los objetivos en la vida

*Recordar que voy a morir pronto es la herramienta más importante que
haya encontrado para ayudarme a tomar las grandes decisiones de mi vida.
Porque prácticamente todo, las expectativas de los demás, el orgullo,
el miedo al ridículo o al fracaso, se desvanece frente a la muerte,
dejando sólo lo que es verdaderamente importante.
Recordar que uno va a morir es la mejor forma que conozco de evitar
la trampa de pensar que tienes algo que perder.
Ya estás desnudo. No hay razón para no seguir tu corazón.*

Steve Jobs[39]

La presión temporal es una de las causas frecuentes de estrés.
Vivimos en un mundo donde la velocidad dicta las normas.
A medida que nuestra sociedad se vuelve más rica, la abundancia de bienes materiales se combina con la escasez de
tiempo para disfrutarlos. Las jornadas laborales se amplían,
los desplazamientos se alargan y cada vez tenemos menos
tiempo libre. Incluso los gobiernos están preocupados por
la conciliación de la vida laboral y la vida familiar en este

---

39. Discurso de Steve Jobs, fundador de Apple Computers, en la ceremonia de
graduación de la Universidad de Stanford en 2005: http://video.google.es/vid
eoplay?docid=3014637678488153340.

conflicto por el uso del tiempo. ¿Cómo es que el progreso nos ha llevado a esta situación? A primera vista parece que estos problemas del tiempo son un asunto del reloj, pero a mí me gusta enfocarlos como un problema de brújula. Escribió Mark Twain una frase que se puede traducir como: «A medida que perdemos de vista los objetivos, redoblamos nuestros esfuerzos». Si no tengo claro adónde quiero llegar, avanzar siempre me costará más trabajo. Hay tantas cosas que uno quiere tener, en esta sociedad de la abundancia, que nunca habrá tiempo suficiente para conseguirlas todas. Por eso, en vez de intentar abarcar más de lo que podemos obtener y estresarnos en el intento, podemos revisar las estrategias personales y enfocarlo desde otro punto de vista: ¿qué es lo que de verdad importa?

Cuando hay más tareas previstas que tiempo disponible para realizarlas, se impone establecer prioridades. Esto es duro, pues hay que decir que no a algunos objetivos para conseguir otros. Una metáfora sencilla para abordar esta cuestión es el ejercicio conocido como «el bote de pepinillos». Si quiero meter pepinillos de distintos tamaños en un bote de vidrio, para su conservación en vinagreta, debo empezar por los más valiosos, que son los grandes, colocarlos bien y luego ir cubriendo los huecos con los pequeños. La gestión del tiempo por objetivos obedece a la misma regla: primero se deben acometer las tareas cruciales, y después, en los huecos, lo menos importante.

Una vez definido el grado de importancia de cada tarea, veamos cómo les afecta el factor tiempo, que es la segunda dimensión del problema. De forma sencilla, si aplico dos niveles, tanto en importancia como en urgencia, puedo clasificar mis tareas en cuatro casillas, como indica la figura 8.

Hay tareas que son importantes pero no urgentes, otras que son urgentes e importantes, las que no son lo uno ni lo otro, y las que son sólo urgentes.

FIGURA 8. LA MATRIZ DE GESTIÓN DEL TIEMPO

IMPORTANTE Y URGENTE	IMPORTANTE SIN URGENCIA
URGENTE SIN IMPORTANCIA	NI URGENTE NI IMPORTANTE

La prisa nos suele llevar a dar prioridad a aquello que es urgente. Esta actitud supone dejar para más tarde los asuntos importantes que aún no son urgentes. El problema de este planteamiento es que entonces uno resuelve siempre los asuntos según el grado de urgencia, es decir, con prisa, lo que resulta muy estresante. Desgraciadamente el estrés no es una buena ayuda para encontrar soluciones innovadoras, ya que facilita los ciclos reactivos y las soluciones habituales, que muchas veces reproducen los problemas. Para enfrentarnos a un asunto importante, necesitamos tiempo, no prisa; necesitamos poder darle varias vueltas, consultar, ver opciones, valorar posibilidades, y ello es muy difícil hacerlo si se vuelve urgente.

Desde un punto de vista de reducción de estrés, lo que nos agobia no es el trabajo que estamos haciendo, sino el que queda por hacer, y cuanto más importante sea éste, mayor será el estrés. Por ello la gestión del tiempo es más efectiva y menos estresante cuando se consigue tratar los asuntos importantes antes de que se vuelvan urgentes. Para ello sólo hay una casilla donde encontrar ese tiempo necesario, sacrificando los asuntos no importantes aunque sean urgentes. Piense que la urgencia no hace a un asunto más importante. Aprender a decir que no, sin sentirse mal, delegar o renunciar, son algunas formas de deshacerse de la tensión emocional de tener que afrontar un asunto no importante.

Sin embargo, hay tres obstáculos habituales en este proceso de establecer prioridades que conviene superar: las interferencias emocionales, las interrupciones y los imprevistos.

a) Las interferencias emocionales hacen que la atención se destine a lo que nos gusta y evite lo que no nos gusta o es aburrido, dejándolo para más tarde, lo que suele dificultarlo. Una gestión del tiempo por gustos puede ser divertida, y una gestión por miedo puede parecer tranquilizante, pero quizá no sea muy eficaz. Aplique la conciencia plena para identificar sus gustos, reconociéndolos, pero sin perder de vista sus objetivos. Evite postergar lo que no le gusta, sobre todo si es importante.

b) Las interrupciones se dan cuando otras personas intentan orientar nuestra atención hacia sus tareas o problemas. No me refiero aquí a urgencias o a requerimientos de un superior, que son de obligado cumplimiento, sino a interrupciones sencillas de colegas o subordinados. Pongamos, por ejemplo, un vendedor que espera que le atiendan sin una cita concertada. En estos momentos es importante recordar que no siempre es sano dar prioridad a los asuntos de los demás sobre los propios; si una persona no valora su propio tiempo, no debe esperar que sus compañeros lo valoren más. La ayuda mutua es buena siempre que sea recíproca y se dé dentro de un marco de libertad, no como reacción al miedo. Desarrollando conciencia plena podrá reconocer el momento y la naturaleza de la interrupción, decidiendo por usted mismo si la acepta o si la deja para después. Así, estará desarrollando soberanía sobre su propio tiempo, en vez de dejar que sean los otros quienes decidan por usted.

c) Los imprevistos son asuntos que se cuelan en la lista de prioridades y aparecen de improviso. A diferencia de las interrupciones, forman parte de la tarea de uno y no se pueden posponer fácilmente. Cuidado: aunque los imprevistos producen cierto rechazo, en ocasiones ocultan alguna oportunidad. No la desaproveche sólo porque le molesta; estudie la causa del imprevisto y tal vez encuentre una oportunidad de mejorar algo o de demostrar su competencia. La única fórmula válida para tratar esas incidencias es disponer de algún tiempo extra para afrontarlas; así evitamos que un imprevisto nos amargue el día. Ante los imprevistos, use la conciencia plena para cultivar aceptación y flexibilidad psicológica con las que afrontarlos sin enfadarse. Así evitará estrés y podrá concentrarse mejor para resolver el problema, que es de lo que se trata.

Otra fuente de estrés en relación con la gestión del tiempo está en el grado de perfección exigido y en la dificultad para delegar. Vigile esa tendencia que todos tenemos a pensar que la forma de trabajar propia es la más adecuada, o que sus resultados son mejores. Quizá sea así, pero de lo que aquí se trata es de organizar sus prioridades. Busque la perfección en el conjunto, no en todos los detalles. Pruebe a desaferrarse de su forma de trabajar y tome un poco de distancia para ver qué puede ganar si orienta de otra forma sus esfuerzos. Valore la posibilidad de explicar o formar a alguien para que pueda hacer esas tareas que son menos importantes. Es posible que tenga que tolerar una menor calidad en el resultado en un principio para así tener mejor calidad de vida. Céntrese en aquellas cosas que de verdad le importen, aquellas que pertenecen al núcleo duro de su trabajo o de sus objetivos personales, y sea más tolerante con el resto.

Personalmente creo que hay un gran potencial en simplificar la vida para encontrar ese tiempo que nos falta. A veces me pregunto si es necesario hacer tantas cosas como en ocasiones me planteo, desde aspectos aparentemente importantes relacionados con mi trabajo a otros más banales, como conseguir tal o cual capricho. Si estoy agobiado, los pongo en una lista y los evalúo uno a uno, generalmente dejando varios en el proceso y reorientando mi atención hacia los más importantes.

No tenga todos los momentos ocupados. Muchos de esos golpes de suerte con los que la vida nos sorprende aparecen en esos espacios que quedan vacíos en la agenda personal, o cuando uno se entretiene con algo fuera de lo previsto. A veces me pregunto si yo no estoy demasiado ocupado en planificar y dirigir mi vida, en vez de concentrarme en vivir la vida que va surgiendo momento a momento; si no seré como una de esas palomas que vuelan a base de batir fuertemente las alas, cuando podría ser un águila que usa los vientos y las corrientes térmicas para desplazarse. Si cambiase mi orientación hacia el proceso y me ocupase en cómo vivo la vida, con conciencia, con apertura y con interés, lo que ocurra en ella tiene un segundo valor. La calidad de la vida está en la actitud, no en los resultados.

LAS PRIORIDADES EN LA VIDA

Hemos visto que un componente de la personalidad resistente al estrés es el control. Ello requiere saber administrar el tiempo, conocer las limitaciones personales y saber decir que no de forma asertiva. Otro elemento de la personalidad resistente al estrés es que nuestra actividad tenga un sentido en la vida, siendo conscientes de qué hacemos y por qué lo hacemos.

Una metáfora para entender las prioridades en la vida es la relación de ángulos de un triángulo, donde cada uno de los ángulos representa una de las tres principales áreas de actividad: el desarrollo personal, el desarrollo profesional y las relaciones afectivas. Si estas áreas están en equilibrio, tendríamos un triángulo equilátero y podemos decir que hay un cierto equilibrio en la persona, como indica la figura 9.

FIGURA 9. EL TRIÁNGULO DE LA VIDA

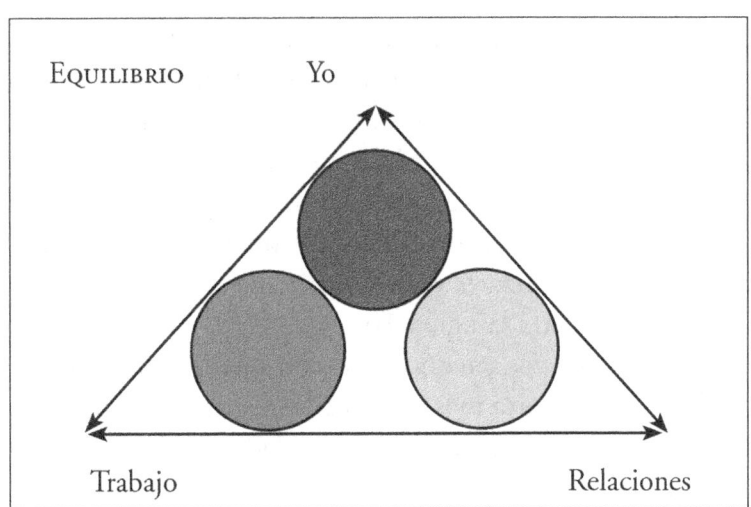

EQUILIBRIO   Yo

Trabajo   Relaciones

Si una de estas áreas aumenta, siempre será a costa de alguna de las otras, ya que la suma de los ángulos de un triángulo es siempre 180 grados, igual que los días sólo tienen 24 horas y cualquier aumento de actividad en un sentido se hace a costa de algo.

Esta idea de reparto de actividades no debe tomarse de forma estricta; es una referencia para reflexionar sobre cómo reparte uno su tiempo y cómo le gustaría hacerlo: es una idea para aplicarla a largo plazo. Ello no impide que haya momentos de la vida con desequilibrio, como cuando uno empieza un trabajo nuevo y tiene que dedicarle mucho tiempo, o cuando los hijos son pequeños y consumen todo el tiempo del yo. No obstante, estas situaciones no son permanentes, o no deberían serlo, y, cuando pasan, la persona debe buscar de nuevo el equilibrio entre las actividades.

Una vida dedicada sólo al trabajo puede ser muy satisfactoria, pero deje que ello sea el resultado de una decisión consciente, no una reacción inconsciente a las circunstancias. Sobre todo recuerde que debe cuidar sus relaciones personales y su salud si quiere evitar el estrés. De la misma forma, una vida donde las necesidades laborales y las necesidades de su familia consuman todo el tiempo puede ser razonable cuando los niños son pequeños, pero si se mantiene a la larga, usted puede llegar al agotamiento por no atender sus propias necesidades, o puede que tenga una crisis de autoestima, ya que nunca tiene tiempo para sus cosas, como ilustra la figura 10.

En ocasiones nos encontramos con que una de estas actividades nos reporta más satisfacciones que las otras y nos centramos en ella buscando la felicidad. Es una reacción natural, pero a largo plazo acaso no sea la más adecuada. Postergar sus ilusiones, su descanso o sus intereses demasia-

FIGURA 10. TRIÁNGULOS DESEQUILIBRADOS

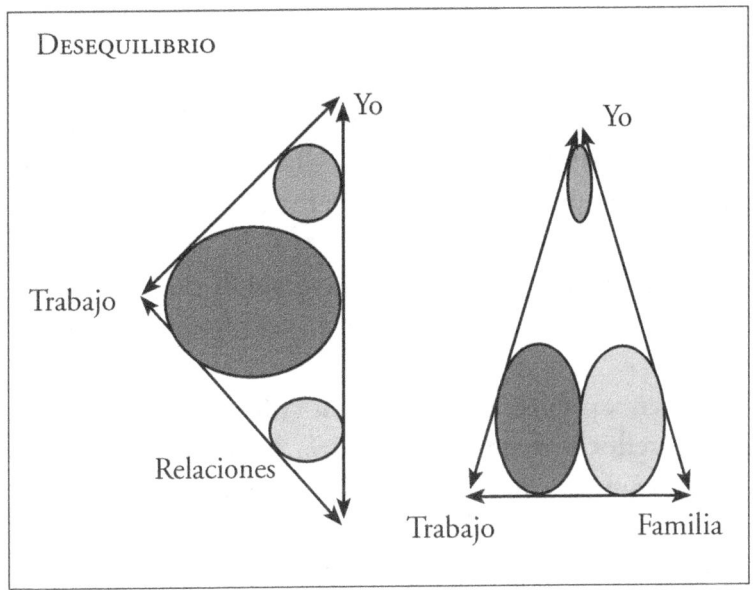

dos años puede tener consecuencias irreversibles en su salud física o mental. Centrarse en el trabajo puede ser fuente de éxito, pero la vida puede ser algo más que trabajar, y al final a muchos nos jubilan. No ponga todos los huevos en la misma cesta, diversifique sus riesgos, explore todas sus posibilidades y desarrolle todo su potencial humano.

La vida es una oportunidad preciosa que muchas veces sólo se valora en su justa medida cuando se está cerca de la muerte. Piense como Steve Jobs al comienzo de este capítulo: si la muerte estuviera cercana, a qué dedicaría su tiempo y su energía. Imagínese que, cuando le llegue la hora, puede mirar hacia atrás: de qué cosas se sentirá más orgulloso y cuáles no querría haber dejado pasar en esta vida, sin haberlas intentado. Si cree que hay algunas cosas que debería cambiar en su vida, considérelo, no se precipite, pero déjese guiar por su corazón.

Entrenamiento en conciencia plena
Semana 7.ª

Practique cuarenta y cinco minutos de meditación guiada en días alternos, y los otros días haga las prácticas que prefiera. Intente practicar sin los CD esta semana.

Practique quince minutos de meditación caminando integrada en la meditación guiada o en otro momento del día.

Piense en aquellos aspectos de su vida que debería cambiar y reflexione en cómo podría hacerlo. Si lo desea, puede seguir el modelo que viene a continuación («Plan para responder en vez de reaccionar»), intentando que el cambio se mantenga al menos veintiún días.

La reducción del estrés precisa de una estrategia en dos sentidos. Por un lado, debe valorar la oportunidad de realizar algún cambio en su vida y, por otro, debe establecer un compromiso firme para la práctica de ejercicios de renovación física y mental, como son la meditación o el yoga. Recuerde que intención sin acción es pura ilusión y es necesario el compromiso de practicar con cierta frecuencia estas técnicas para integrarlas en la vida.

No piense en cambios radicales; son muy difíciles y costosos y no siempre salen bien. Personalmente, después de haber experimentado con ambos, prefiero los cambios graduales, en los que se va consolidando el terreno mientras se avanza. Elija algún aspecto de su vida que le gustaría cambiar, siempre que tenga oportunidad y necesidad de hacerlo. No tome lo más difícil; valore sus posibilidades y seleccione algo en lo que crea que, si se aplica a ello, puede tener éxito. Aplíquese a ello con constancia, paciencia y motivación una temporada. Luego, pase a otro asunto y así sucesivamente.

Plan para responder en vez de reaccionar

1. **Describa la situación o el comportamiento que desea cambiar:** ....
....

2. **Recuerde cómo reacciona actualmente** (qué hace, piensa o siente): ....
....

3. **Cómo le gustaría responder** (qué debería hacer, pensar, sentir o decir): ....
....

4. **Prepare una estrategia para poder responder a esta situación.** Piense cómo regular la emoción o cómo enfocar la atención, qué actitud debe tener o qué habilidades tiene que desarrollar, o a quién debe pedir ayuda: ....
....
....

5. Fíjese en cómo neutralizar los elementos en su contra (falta de confianza, disciplina, valor o lo que sea): ....
....
....

6. **Prepare un plan de acción determinando los pasos que va a dar y fije una fecha tope para cada uno de ellos** (fechas realistas pero atractivas): ....

....

7. **Establezca un compromiso consigo mismo y compártalo con alguien cercano que le ayude a fortalecer este compromiso** (puede ponerse un premio si lo considera adecuado): ....

....

Capítulo 10
Plan de acción:
del síndrome de sacrificio
al ciclo de renovación

Sea lo que sea que puedas hacer, empiézalo.
La audacia contiene genio, poder y magia.

Goethe

Para reducir el estrés, hemos usado la conciencia plena de muchas maneras, aplicándola para identificar los signos de estrés de forma precoz y valorando el funcionamiento de las estrategias de afrontamiento. En las páginas siguientes veremos la importancia de integrar este estilo de vida de forma que podamos desarrollar una especie de inmunidad hacia el estrés a largo plazo.

En este libro hemos combinado dos enfoques: uno es la práctica formal de lo que puede ser la meditación o el yoga, junto con prácticas *ad hoc*, de aplicación sobre el terreno, como la regulación emocional, la comunicación consciente o la asertividad. Los mejores resultados se obtienen de la práctica regular de las técnicas formales, junto con la aplicación de la conciencia plena en el día a día, tanto como sea posible. Las aplicaciones crecen con la práctica, ya que el grado de conciencia suele ser bajo al principio y se va desarrollando con el tiempo.

Una de las conclusiones que podemos sacar de practicar la conciencia plena es que la mente y sus pensamientos condicionan en gran medida la experiencia de vivir. Si una persona cultiva pensamientos de armonía, aceptación, alegría o esperanza, sus constantes vitales mejoran: su tensión arterial baja, su tensión muscular disminuye y su reacción al estrés es menor. Por ello es importante darse cuenta de qué tipo de pensamientos y emociones cultiva uno mismo, y ver de qué forma puede aportar más armonía a su vida. Las personas que siempre se están quejando de lo que les ocurre, suelen mantener su sufrimiento, ya que tienden a ver lo negativo de las situaciones. La distinción entre el cielo y el infierno es muy sutil, como lo ilustra este breve cuento japonés.

Se cuenta que en la época feudal, un señor de la guerra pasaba con su ejército cerca de un famoso monasterio. Era un hombre cruel y pendenciero, sin especial respeto por los monjes. Sin embargo, como le habían dicho que el abad del lugar era un sabio, decidió parar y pedir audiencia.

Se convocó al abad, que entró rodeado de algunos monjes de más edad y tomó su asiento de meditación en el centro de la sala. Ante él estaban las huestes con su cabecilla al frente, que mostraban una actitud arrogante ante los monjes desarmados.

El señor feudal quería impresionar a su tropa y después de presentarse preguntó al abad qué diferencia había entre el cielo y el infierno. Se hizo el silencio y las miradas se concentraron en el abad. No obstante, éste siguió manteniendo esa mirada limpia, abierta y valiente ante los visitantes, como si estuviera meditando. Pasó un rato y no pronunció palabra alguna. El señor feudal se levantó y con el ánimo exaltado, repitió la pregunta en alto, de pie ante el abad. Pasaron unos segundos, pero el abad no se movió ni dijo nada. Los monjes empezaron a tener miedo, el señor feudal sentía que el abad no le tomaba en serio y los soldados empezaron a inquietarse. Furioso, el señor de la guerra amenazó al abad levantando su espada.

—¡¿Quién te has creído que eres, monje insolente?! ¡Si no me respondes ahora mismo, te cortaré el cuello con mi espada!

Entonces el abad, sin perder la compostura, le dijo al señor de la guerra:

—Eso que sentís vos ahora mismo es el infierno.

Entonces el señor feudal, viendo que el abad le hacía caso y que su honor estaba intacto, envainó la espada y se sentó de nuevo. Entonces el abad añadió:

—Y eso que sentís ahora es el cielo.

¿Cómo podemos encontrar momentos en los que estemos en el cielo y disminuir los momentos del infierno, o al menos no contribuir a que existan más momentos de sufrimiento en la vida que los inevitables? ¿Cómo podemos desarrollar equilibrio en una vida cuando, en ocasiones, todo parece que está desequilibrado?

Un punto de partida está en darse cuenta de sus sentimientos de juicio —agradable o desagradable, atracción o rechazo—. Cuando éstos se presenten, dese cuenta de cómo los manifiesta en sus actividades y en su comportamiento (tono de voz, gestos, elecciones). Sea consciente de las consecuencias que ello tiene en el contexto en el que está y en las personas con las que se rodea. Si cree que el resultado no cumple con sus expectativas, no espere que sean los demás los que cambien: fíjese en qué puede hacer usted para crear más armonía, más confianza, más comprensión. Confíe en sus recursos para poder responder adecuadamente a los desafíos que se le plantean.

Intente ver cómo le afecta su estado mental en su comportamiento. Fíjese a menudo en cómo se siente físicamente, cómo se expresa, cómo se mueve, qué come, bebe, lee, mira o habla y cómo ello también afecta a sus pensamientos. Use la respiración como resorte para llevar a su mente a un estado más abierto y relajado, para llevarla al aquí y ahora, enseñándola a vivir la vida momento a momento, aceptando la realidad como es. Recuerde que siempre existe la posibilidad de una respuesta calculada, en vez de una reacción repentina y ciega.

Observe cuánto tiempo dedica su mente a ocuparse de cuestiones relativas al pasado y al futuro, mientras el presente se desarrolla ante sus ojos. Piense que las oportunidades sólo salen en el momento presente, y no suelen esperar mucho. Fíjese también en cuánta energía se ocupa en cuestiones como «yo», «mi», «mío»..., como si uno fuera el centro del universo. ¿Es realmente tan necesario ocuparse tanto de uno mismo? ¿No genera cierto sufrimiento? ¿Es posible tomarse la vida de otra forma?

No pierda el contacto con sus emociones y preste atención a su textura, su intensidad, su energía. Fíjese, cuando siente prisa, miedo, celos, envidia, ansiedad o tristeza, en qué pensamientos llegan acompañando a estas emociones: ¿hay claridad o ceguera?, ¿hay angustia o apertura? Por el contrario, fíjese en qué siente cuando se encuentra con ilusión, seguridad, satisfacción o apertura.

Cuando el Buda histórico murió, hace 2500 años, animó a sus seguidores a que estudiaran sus enseñanzas y que, si había algo que no les resultaba útil, no lo aplicaran, pero que, si encontraban prácticas útiles, las aplicaran con dedicación. Les dijo que a partir de entonces ellos deberían ser cada uno la luz que ilumina su camino. Ésa podría ser la función última de la conciencia plena: alumbrar el camino de la vida: ser la luz que nos guía en momentos de confusión y oscuridad, o la luz que alumbra las situaciones de plenitud y alegría: la luz que alimenta la soberanía interior, que nutre la dignidad humana.

Así llegamos al final de este libro. Si hay alguna idea que a usted le haya podido parecer interesante, no la guarde en su cabeza, pues ahí no suele servir de mucho; llévela a su corazón, póngala en práctica. Las cosas que llevamos en el corazón son aquellas que usamos y, por lo tanto, nos resultan útiles en la vida. Como dice Goethe en la cita introductoria, cuando nos ponemos de corazón con algo, la vida nos da el genio, el poder y la magia para conseguirlo.

Entrenamiento en conciencia plena
Semana 8.ª

Practique la meditación o la combinación de prácticas que prefiera, manteniendo un programa de trabajo diario.

Apéndice 1
Las siete bases para cultivar la conciencia plena[40]

1. VIVA SU VIDA MOMENTO A MOMENTO

La realidad se desarrolla momento a momento, cada instante aporta algo distinto al anterior, cada momento es único: vívalos sin dejarlos escapar pensando en fantasías sobre el futuro o en recuerdos del pasado.

Aunque es evidente que la vida requiere una cierta capacidad de planificar y prepararse para el futuro, en ocasiones empleamos demasiados esfuerzos en anticipar el futuro explorando sin parar posibles escenarios. Esta tendencia no es

---

40. Para más detalle sobre estas bases, se puede consultar el libro de Jon Kabat-Zinn: *Full Catastrophe Living,* Bantam Doubleday. Ed. en castellano: *Vivir con plenitud las crisis,* Kairós, Barcelona, 2003.

sana y suele producir ansiedad o estrés, por lo que es conveniente regularla. De la misma forma, la reflexión sobre hechos pasados nos permite aprender para el futuro, pero dificultamos la capacidad de resolver problemas si deriva hacia una excesiva rumiación. La rumiación tampoco es sana, ya que facilita la depresión, por lo que también hay que regular esta tendencia.

La conciencia plena resulta muy adecuada para prevenir la ansiedad, el estrés y la depresión porque ayuda a centrar la mente en el momento actual.

2. NO JUZGUE TANTO, NO SE JUZGUE

Todo juicio produce una cierta tensión emocional que posiciona al individuo frente al acontecimiento en uno de estos tres sentidos: a favor, en contra o indiferente. Estas posiciones predisponen nuestras actuaciones y orientan la atención posterior.

Cultivando una cierta imparcialidad ante las situaciones, podemos suspender los juicios o evitar juzgar y así poder conocer mejor la realidad sin tener que vincularnos tan emocionalmente con ella. Recuerde que todos los acontecimientos se producen por una serie de causas, que a su vez son producidas por otras, y así hasta el infinito. Poder experimentar un acontecimiento sin tener que juzgarlo obligatoriamente es el primer grado de la libertad. Los juicios son una de las mayores fuentes de estrés. La mente que está constantemente estableciendo juicios y categorías, limita la percepción de la realidad, al quedar condicionada ésta por las emociones correspondientes.

3. Confíe en sus capacidades, en su sabiduría y en sus recursos

Que nadie intente ser distinto a sí mismo, ni piense que la felicidad depende de factores externos. Intente en la medida de lo posible ser usted mismo y busque la felicidad en lo que la realidad le ofrece aquí y ahora, que es la única posibilidad real. Algunos sabios han propuesto que nuestra tarea en esta vida es simplemente llegar a ser lo que en realidad somos, liberándonos de todo lo que no pertenece a esta identidad esencial.

Confiando en uno mismo, en su sensibilidad y en su sabiduría, cada persona asume su propia responsabilidad y puede vivir plenamente su vida. Esta confianza en uno mismo es lo que nos permite escuchar y abrirnos de todo corazón a la realidad del momento.

4. Cultive la mente de principiante, abierta, interesada

Prestando atención al momento presente, se evita interpretar la realidad mediante situaciones pasadas, lo que le permitirá aprovechar todas las oportunidades que se presenten. Toda situación siempre tiene algo de nuevo, cada momento es único, aprovéchelo. En situaciones difíciles intente cultivar la curiosidad en vez de dejarse llevar sólo por las preocupaciones. De toda circunstancia se puede aprender algo si tenemos suficiente curiosidad para verlo con mente de principiante.

5. No busque sólo resultados, fíjese en el proceso e intente hacer lo que tenga entre manos lo mejor que pueda

Todo deseo desequilibra la mente, ya que dirige nuestra atención en una dirección y genera unas expectativas que nos ponen en deuda con el futuro, creando cierta tensión. Esto no significa que debamos renunciar a los objetivos, pero sí debemos poner más énfasis en el proceso, que es donde se crean las causas para que se den los objetivos que deseamos. Recuerde que una persona casi nunca puede alcanzar por sí misma todo lo que se propone. Es imprescindible que se den ciertas circunstancias favorables para todo éxito. No obstante, una persona sí es responsable de su motivación, intención y atención a un proceso. Por otro lado, obsesionarse con un objetivo puede impedir ver otras oportunidades que quizá sean más interesantes.

6. Acepte la realidad como es, conozca sus límites y aprenda a soltar

Lo que resistes persiste y lo que aceptas se transforma, dice un dicho popular. Sólo aceptando las cosas, podemos intentar cambiar algo. Aceptar los límites de cada cual es fundamental para ser realista en los objetivos. Así y todo, tener límites es una circunstancia de la persona, no una característica de su identidad. No se identifique con sus limitaciones, ni limite a otros.

La paciencia es una forma de sabiduría. Lo contrario, la impaciencia, es querer que las cosas vayan al ritmo que uno desea, que suele ser distinto a como van en realidad. Otra fuente de problemas es nuestro intento de cambiar a otros. Como dijo Gandhi: si quieres cambiar el mundo, debes cambiarte a ti mismo. Experimente dejando que algunas cosas sean tal y como son, y fíjese, mientras tanto, en qué es lo que ocurre con usted.

Aceptar no se debe confundir con *conformarse*, pero hay cosas contra las que no se puede luchar y otras sólo se corrigen si primero se aceptan. Recuerde la plegaria: «Señor, dame fuerzas para cambiar lo que se puede cambiar, paciencia para aceptar lo que no se puede cambiar, y sabiduría para distinguir entre ambos».

7. CUÍDESE, TRÁTESE CON AMOR Y CARIÑO

Para poder practicar la conciencia plena, es necesario establecer una relación positiva con uno mismo; de esta forma se adquiere la suficiente flexibilidad mental para poder cultivar una visión de la realidad más acertada y saludable. Esta relación incorpora aceptación, amor, apertura, paciencia y diligencia, con objeto de cambiar la relación que el individuo establece consigo mismo y el entorno.

ACRÓNIMO. LAS SIETE BASES PARA CULTIVAR LA CONCIENCIA PLENA

	*i*nstante tras instante
	*n*o juzgue
	*s*eguridad en uno mismo
Mente de	*p*rincipiante
	*i*nterés en el proceso
Acepte la	*r*ealidad
	*a*pertura, amor, soltar
*Cada **inspiración** es un nuevo comienzo*	

Apéndice 2
Exploración del cuerpo[41]

El primer ejercicio del método de reducción del estrés basado en la conciencia plena es el escáner corporal o exploración guiada del cuerpo. Es una práctica de treinta o cuarenta y cinco minutos que podemos hacer diariamente en casa, al menos durante dos semanas para empezar a notar los efectos. Este ejercicio lo puede realizar con el CD que le ofrecemos en el apéndice 7, o siguiendo estas instrucciones. Vale la pena tener en cuenta dos factores clave para sacarle pleno partido. Lo primero es que se trata de un ejercicio de meditación, y eso quiere decir que se necesita perseverancia

---

41. Modificado respecto de la versión publicada en la revista *Mente Sana* (RBA), cuyo n.º 18 se dedicó a la técnica de la MBSR con aportaciones de Jon Kabat-Zinn y mías.

para empezar a notar resultados. La falta de continuidad es uno de los errores típicos de los que se aventuran sin éxito en este camino. La segunda clave es que, desde el punto de vista de la meditación, sólo mediante la aceptación de la realidad presente, por dolorosa, terrorífica o indeseable que ésta sea, pueden llegar el cambio, la madurez y la sanación. Esto significa que, en este ejercicio también, debemos intentar aceptar todo lo que venga al realizarlo: incomodidad física, cansancio, ideas desagradables, aburrimiento, más estrés...

Incluso si cree que no se está concentrando adecuadamente, que lo hace mal, no pasa nada. Simplemente, sea consciente de que tiene esos pensamientos y siga adelante. Comprobará —y esto es una gran lección práctica— que, pese a todo, avanzamos y que, al final del periodo propuesto, la mente se serena. Es el inicio del camino del sosiego interior.

La meditación se realiza tumbado sobre la espalda, en una esterilla o manta en el suelo. Este ejercicio le ayudará a entrar y permanecer en un estado de profunda relajación, tanto física como mental.

Para ello, es conveniente que se instale en un lugar cómodo y tranquilo en el que se sienta a gusto. Elija un momento propicio, cuando pueda disponer de este tiempo sin interrupciones. Tómeselo como una oportunidad para estar a solas, como un espacio de tiempo merecido y necesario para renovar su energía, como una ocasión para conectar con sus fuentes de fortaleza y salud.

Trate de usar ropa holgada y confortable, puede quitarse el reloj o los zapatos. Asegúrese de que no tiene prendas que le opriman el cuerpo. Colóquese a gusto. Quizá quiera echarse encima una manta ligera o ponerse una chaqueta, dependiendo de la época del año, ya que, al estar inmóvil, el cuerpo baja algo su temperatura, igual que cuando duerme.

Para esta meditación lo mejor es acostarse boca arriba sobre una esterilla, una manta, una alfombra gruesa o en la cama. Fíjese en si puede respirar cómodamente, sin agobios en la zona del vientre, ni en el pecho o el cuello. Tampoco necesitará gafas, ya que este ejercicio lo hacemos con los ojos cerrados. Es importante no moverse durante la meditación. Si estar acostado sobre la espalda no le resulta cómodo, puede colocarse algún cojín debajo; incluso puede hacer el ejercicio en otra postura que prefiera. Lo importante no es tanto la postura como el nivel de atención y sensibilidad que consiga; para ello es importante no moverse.

No es necesario que haga demasiado esfuerzo en relajarse, pues esto crearía tensión. Intente simplemente tomar conciencia de lo que ocurre en cada instante, aceptando exactamente todo lo que esté ocurriendo aquí y ahora.

Cuando se coloque, deje que el cuerpo se vaya relajando poco a poco, llevando su atención a la respiración, intentando respirar de forma natural, y permanezca así por unos instantes, mientras termina esta introducción y comienza la meditación.

MEDITACIÓN. EXPLORACIÓN DEL CUERPO

1. Acuéstese boca arriba, encima de una colchoneta, o de alguna otra forma en la que esté cómodo. Cierre suavemente los ojos. Prestando atención al flujo de la respiración, sienta cómo el abdomen se eleva y desciende con cada inhalación y con cada exhalación.

2. Ahora tómese unos segundos para sentir las sensaciones relacionadas con el tacto en los lugares en los que el cuerpo está en contacto con el suelo.

3. La técnica del escáner corporal consiste en recorrer cada parte del cuerpo con atención. Para empezar, lleve su atención a los dedos del pie izquierdo. Intente encauzar hacia ellos la respiración, para sentirse como si inhalase hacia los dedos del pie y exhalase desde ellos. Le ayudará imaginar que la respiración desciende por todo el cuerpo, pasando de la nariz a los pulmones, siguiendo a través del abdomen y bajando por la pierna izquierda hasta llegar a los dedos del pie. Luego, el aire hace el camino de vuelta hasta salir por la nariz. Permítase sentir todas y cada una de las sensaciones de los dedos del pie izquierdo, distinguiendo entre unas y otras, y observándolas. Si, por el momento, no siente nada, no importa. Permítase la sensación de «no sentir nada».

4. Cuando esté preparado para dejar los dedos del pie izquierdo y continuar, realice una inhalación más profunda e intencionada que llegue hasta los dedos del pie y, al exhalar, permita que éstos se disuelvan en su «ojo mental». Mantenga la atención durante varias inhalaciones y exhalaciones, y luego siga progresivamente con la planta del pie, el talón, el empeine y el tobillo. Tiene que continuar respirando hacia cada zona y desde cada zona en la que se esté concentrando y, al mismo tiempo, observar las sensaciones que experimenta para, luego, dejarlas ir y continuar con la siguiente zona del cuerpo.

5. Cada vez que su atención se desvíe de lo que usted está haciendo o de la parte del cuerpo que está explorando, lleve de nuevo la atención a la respiración y de ahí a la zona del cuerpo en la que estaba. Mantenga esta forma de explorar las distintas partes del cuerpo, ascendiendo a continuación por la pierna izquierda y por el resto del cuerpo. Respire, concéntrese en las sensaciones y suéltelas. Con la práctica hará este ejercicio con fluidez y contactará más fácilmente con su presente.

6. Intente seguir el mismo recorrido cada vez, sin dejar fuera ninguna zona, sin querer tener una sensación determinada o sentirse mal porque no tenga sensaciones en ciertas partes del cuerpo. Si se distrae, no se recrimine ni lamente, simplemente vuelva al punto donde se perdió y continúe sin darle ninguna importancia. No deje que la impaciencia por terminar le haga ir tan rápido que al final esté perdiendo el tiempo. Tómese un tiempo en cada zona para que aparezca alguna sensación y deje que su mente la reconozca, mientras inspira, y luego permita que a ese reconocimiento le siga una sonrisa mental, mientras exhala.

Apéndice 3
Atención en la respiración

Practique diez o quince minutos cada vez, al menos una vez al día.

Le recomendamos hacer esta meditación sentado, pero si esto se le hace difícil, cualquier otra postura es buena, siempre y cuando se mantenga alerta y siga las instrucciones que se indican. Si no pudiese hacer este ejercicio sentado, acuéstese boca arriba sobre una manta doblada en un sitio cálido y cómodo, sin dejar que el sueño le impida hacer la meditación.

Una vez sentado, bien sea en una silla o en el suelo sobre un cojín, asegúrese de que tiene la columna vertebral recta, pero sin forzar demasiado, manteniendo una postura que combine dignidad, estabilidad y comodidad. Es mejor que no apoye la espalda contra el respaldo de la silla o contra la pared, salvo si tiene molestias o lesiones en la espalda; es ese caso trate igualmente de mantener una postura erguida.

Preparación.
Conciencia del cuerpo

Fíjese en cómo queda la columna vertebral, ascendiendo poco a poco desde la base en el cóccix hasta llegar al cuello y la cabeza. Corrija la postura si es preciso, para evitar tensiones innecesarias. Asegúrese de que los hombros estén relajados, ligeramente hacia atrás, y que los brazos reposen cómodamente en el regazo o en la silla. Sienta cómo la cabeza descansa suavemente en el extremo de la columna y busque una posición en la que se sienta a gusto, con los músculos relajados, pero manteniendo la cabeza erguida. Cierre los ojos suavemente e intente respirar por la nariz. Mantenga la boca cerrada pero sin ninguna tensión en los labios y apoyando la lengua en el paladar.

Una vez establecida la postura, intente permanecer inmóvil durante la duración de esta práctica. Si necesita moverse, hágalo muy despacio y con conciencia plena, sin impulsividad, para no perder la concentración.

Meditación en la atención
en la respiración

Ahora tómese un momento para identificar las sensaciones que produce la respiración en el cuerpo. El lugar preferible para esta observación es la nariz, identificando las sensaciones que se producen en los orificios nasales y en el labio superior cuando el aire entra y cuando sale. Si esta zona no le resulta fácil, fíjese en el pecho, que se ensancha y encoge con cada respiración, o tal vez prefiera el vientre, que sube y baja con los movimientos de la respiración. Si lo desea, puede hacer dos o tres respiraciones profundas para establecer el lugar de forma precisa y volver después a la respiración natural.

Una vez establecida la zona de observación, debe permanecer fiel a ella durante toda la práctica. Si la respiración se vuelve más sutil, no se preocupe, es normal; intente fijarse con detalle en las sensaciones al respirar en el lugar elegido.

No intente cambiar la respiración en ninguna forma ni controlarla en algún momento; simplemente observe su flujo y las sensaciones que se producen en ese lugar. Es como bailar con el aliento, dejándose llevar por su ritmo, siguiendo la inspiración desde que comienza hasta que acaba, siguiendo la exhalación desde el principio hasta el fin, plenamente presente en el momento en que la inspiración y la exhalación se encuentran y se cambia el sentido del aire.

Recuerde que la respiración es un ancla al momento presente, es una manera de estar en contacto con la experiencia inmediata, momento a momento. Observando el flujo hacia dentro y sintiendo la corriente hacia fuera, quizá perciba ese momento al final de la exhalación antes de que el flujo se invierta y el cuerpo empiece a tomar el próximo aliento. Así va desarrollando ese contacto íntimo con la respiración, aliento tras aliento, momento tras momento.

No reprima ni aliente pensamientos

Quizá note cómo al dejar de fijarse en la respiración, la mente se deja llevar por algún pensamiento. Es normal, la tendencia de la mente es vagar y tiene el hábito de saltar de un pensamiento a otro, hasta que encuentra algo con interés. Incluso puede que ese pensamiento altere el ritmo de respiración. No se preocupe, es habitual que al principio a la mente le cueste estar quieta. Por ello debe vigilar atentamente para recuperar la atención en la respiración tan pronto como la pierda; éste es el objeto del ejercicio. Cuando caiga en la cuenta de que la mente se ha distraído, puede aprovechar la siguiente exhalación para soltar cualquier pensamiento que tenga y llevar la atención de vuelta a la respiración. Sin preocuparse del contenido del pensamiento, ni se critique ni haga ningún juicio, simplemente tome conciencia de que la mente se ha distraído e invítela a volver cariñosamente a la atención en la respiración, para continuar observando el flujo del aliento.

Se dará cuenta de que la mente puede estar pensando acerca del pasado, en algo reciente o quizá sobre algo que ocurrió hace mucho, reviviendo cosas o deseando que hubieran ocurrido de forma diferente, planificando el futuro o deseando que las cosas sean de tal manera...; da igual, en todos los casos el entrenamiento es el mismo: llevar a la mente de vuelta a casa, a la conciencia de la respiración. En este ejercicio no importa lo que esté pensando; se trata de darse cuenta de que la mente está distraída y entrenarla para volver cariñosamente a la atención en la respiración.

Sólo existe un momento, el momento presente. Y hay que estar presente en lo que ocurre aquí y ahora: notar el fluir de la respiración hacia dentro y la respiración hacia fuera..., la una sigue a la otra como las olas del océano.

Sienta la respiración, como si fuera navegando en un pequeño barco sobre las olas del mar, meciéndose en el movimiento de la respiración, con equilibrio, con sencillez, con conciencia plena hasta finalizar el tiempo que se haya establecido.

Apéndice 4
Meditación de pie, caminando, yoga y otros ejercicios

La meditación sentado o tumbado se puede complementar con otras técnicas de entrenamiento en conciencia plena de tipo dinámico. En los cursos de reducción de estrés utilizamos el yoga, con sesiones grabadas que los participantes llevan en un CD a casa, para entrenarse por su cuenta. Usted puede adquirir estas grabaciones, que van acompañadas de unos dibujos de cada postura, solicitándolas como se indica en el apéndice 7. También puede realizar algún ejercicio dinámico con conciencia plena como los que le propongo a continuación.

Hay personas que prefieren ejercicios de meditación estáticos y otras disfrutan más con los dinámicos, pero, al final, lo más útil es combinarlos. Recuerde la máxima que dice: «El maestro se oculta en aquello que menos nos gusta», e intente practicar ambas técnicas durante una temporada.

PREPARACIÓN.
MEDITACIÓN DE PIE

Para facilitar la entrada en un estado mental adecuado, le propongo este breve ejercicio de preparación. Se puede colocar de pie, preferiblemente descalzo sobre el piso o la alfombra, con los pies ligeramente separados un palmo, los brazos colgantes libremente a los lados del cuerpo y los ojos cerrados. La respiración preferible es por la nariz, dejando que el abdomen se hinche y deshinche naturalmente, lo que se conoce como *respiración diafragmática*. Note la respiración cuando entra y sale del cuerpo durante unos instantes, dejando después que la atención se pose en la planta de los pies. Fíjese en cómo se reparte el peso entre ambos y cómo el suelo le sustenta, intente distinguir los puntos de contacto con el suelo, si están los dedos apoyados o no, si nota alguna sensación con la superficie de apoyo, su textura o su temperatura.

A continuación puede ir repasando con detalle la postura en la que se encuentra, desde los tobillos, notando cómo se sustenta el cuerpo apoyado en las piernas, desde las pantorrillas. Tome conciencia de si las rodillas están bloqueadas hacia atrás, en cuyo caso es mejor moverlas un poco hacia delante, para tener mejor flexibilidad. Fíjese en si hay sensaciones de tensión en las piernas, o en las caderas, e intente liberarla si es posible.

Observe qué siente en la columna vertebral, ascendiendo desde la base hasta el cuello, ajustando las vértebras que no estén bien alineadas. Si nota que los hombros están caídos o tensos, intente echarlos hacia atrás y dejar los brazos colgando libremente. Estire ligeramente el cuello hacia arriba, colocando las vértebras y dejando la cabeza erguida, a la vez que respira con tranquilidad y dignidad.

Deje que su atención se pose ahora donde le parezca que está el centro de gravedad del cuerpo y, con las plantas de los pies fijas en el suelo, permita que el cuerpo oscile ligeramente hacia los lados sin abrir los ojos. Suavemente, poco a poco, distinguiendo cómo el peso afecta al contacto en las plantas de los pies, cómo se activan o relajan los distintos músculos. Pare un instante y pruebe ahora, sin mover los pies, a oscilar el cuerpo muy despacio hacia delante o hacia atrás. Fíjese en qué emociones surgen cuando el movimiento se acerca a cierto punto, pero no fuerce la posición, manténgase cómodo. Es curioso cómo con los ojos cerrados el cuerpo tiene un conocimiento preciso de la posición y del equilibrio, coordinando los músculos para ajustarse. Si le ayuda, puede sentirse como un junco que es mecido por una brisa suave, sin que ello altere su equilibrio interno, recuperando su posición en cuanto el viento amaina, sin hacer ninguna fuerza.

Recupere la postura de meditación de pie, estática, sin abrir los ojos, notando esa sensación de estabilidad y dignidad. Quizá le ayude sentir que la postura de pie es una característica diferencial del ser humano, fruto de miles de años de evolución que han modelado nuestro esqueleto para esta posición. Es una postura que nos da infinitas posibilidades al dejar libres los miembros superiores para trabajar, abrazar, recoger, transportar o ayudar. Manténgase unos instantes sintiendo esta postura que define a uno de nuestros ancestros, el *Homo erectus*. Puede mantener la atención en el cuerpo o en la respiración unos minutos hasta pasar al siguiente ejercicio.

Meditación caminando. De diez a veinte minutos

Ésta es una técnica muy accesible para practicar la conciencia plena en el caminar. Para ello es bueno entrenarse primero de forma precisa en una habitación o un patio sin ir a ningún sitio. Se trata de caminar manteniendo la atención en el proceso, muy despacio, para atender a todos los detalles, sin objetivos precisos de adónde ir o de caminar de una forma determinada.

Para empezar, colóquese en la postura de meditación de pie. Asegúrese de que el cuerpo está erguido y los hombros hacia atrás, con el pecho abierto. La respiración, preferiblemente diafragmática, por la nariz. Busque una postura que le dé sensación de estabilidad y dignidad. Puede dejar los brazos colgando libremente como antes o, si lo prefiere, puede cruzar los dedos de las manos, con las palmas hacia arriba, dejando que los brazos descansen fijos unidos por las manos bajo la cintura. Mantenga los ojos abiertos y la mirada siempre fija en el suelo, a un metro delante de sus pies.

Comience adelantando ligeramente un pie, mientras nota qué músculos se activan en esta fase primera, cuando la planta se alza del suelo. Después note cómo ese pie se desplaza por el aire, lo que corresponde con la fase segunda, y experimente la sensación de aterrizar en la fase tercera. Finalmente, note cómo el peso del cuerpo se traslada a ese pie, y cómo el suelo lo sustenta sin ceder, dejando que la planta del pie se amplíe y reciba el contacto, lo que supone la cuarta fase. A continuación repita estas cuatro fases con el otro pie, y así sucesivamente paso a paso. Note cada fase de forma precisa en el pie y el equilibrio, paso a paso.

Camine tan despacio como le sea posible pero sin parar. Cuando alcance el extremo de la habitación, dé la vuelta con el mismo cuidado y pare un instante para repasar la postura —columna erguida, hombros atrás, pecho abierto, cabeza erguida, dignidad— mientras se prepara para empezar de nuevo el recorrido en el sentido contrario. Caminando paso a paso, con la vista delante de sus pies, moviéndose a medida que usted se traslada lenta pero inexorablemente, con elegancia y presencia, de un lado al otro, y vuelta —o, si lo prefiere, describiendo un amplio círculo—.

Cuando haya cogido el ritmo del caminar, puede acompasar la respiración al proceso, de forma que estos dos procesos se sincronicen. Para ello puede aprovechar la fase 1 y 2 para inspirar, esto es, cuando el pie se eleva y se mueve en el aire, y la fase 3 y 4 para exhalar. Incluso, si lo prefiere, un movimiento respiratorio en cada fase; lo que le resulte cómodo, natural, sin forzar.

Sienta que está haciendo un acto especial en cada paso. Note la fortuna que tiene usted por caminar erguido, algo que echamos de menos en algunos momentos de la vida. Evite distraerse con pensamientos ajenos al caminar consciente; si surgen, déjelos pasar y vuelva a la atención en el caminar. Si le ayuda, tómeselo como un acto sagrado, dando a cada paso toda la importancia que pueda sentir. Si camina por un jardín o patio, note que está pisando la Tierra; trátela con cuidado, es nuestra nave espacial, un sitio tan especial en el universo que no conocemos ningún otro donde se dé la vida.

Una vez que se haya familiarizado con este proceso, puede aplicarlo también al caminar por la calle, usando un ritmo más rápido, claro. Quizá sólo distinga dos fases, o incluso cada paso sea una fase. Ahora su vista está elevada y puede acompasar la respiración con otro ritmo, pero manteniendo la atención en el caminar como si ello fuera tan importante como el lugar al que usted va. Si le ayuda, puede sentir la conciencia cuando apoya con un pie y sonreír internamente cuando apoya el otro, dándose cuenta del placer que produce caminar con conciencia plena, sin dejar que los pensamientos del lugar al que va o de donde viene le distraigan del proceso. Note los olores y los colores, sienta el aire, los sonidos, sin querer que sean de otra forma: así es ese lugar, y no se trata de cambiarlo ni de juzgarlo. Viva cada recorrido a pie como una oportunidad de tomar conciencia con usted mismo y sentir el ambiente que le rodea, el sol, o la lluvia, el frío o el calor..., todo ello forma parte de la vida. Incluso si tiene algo de prisa, la puede incorporar a la meditación, pero sin que los pensamientos le distraigan; permítase sentir la prisa como una emoción que forma parte de ese momento.

YOGA Y OTROS EJERCICIOS CON CONCIENCIA PLENA

Algunas personas llaman *yoga* a este tipo de ejercicios de flexibilidad o estiramiento. El término *yoga* en sánscrito significa «yugo» e implica la unificación y conexión del cuerpo con la mente. El yoga es una forma de meditación y, cuando se practica regularmente, es una excelente disciplina para aquellas personas que desean alcanzar un nivel mayor de salud.

Normalmente el yoga se asocia a una serie de ejercicios denominados *asanas*, que son posturas que producen efectos muy beneficiosos para la salud. Quizás encuentre útil practicar en su casa con una grabación como la que le propongo en el apéndice 6, o tal vez prefiera apuntarse a algún grupo donde un profesor le pueda introducir mejor en la técnica. Es posible que ya practique, o quizás ha practicado yoga en el pasado y lo que necesita es una razón para volver a ponerse a ello.

Otras personas practican taichí, que también es muy beneficioso, o van a nadar a la piscina, corren, van en bicicleta, juegan al tenis o se entrenan en un gimnasio. A todas estas actividades se les puede añadir valor si se hacen con conciencia plena. Uniendo mente y cuerpo hacemos yoga al nadar o al correr por el asfalto; lo que añade valor al ejercicio es la actitud de vivir esa experiencia con conciencia plena.

Para ello es importante que, cuando practique algún ejercicio, mantenga la atención en la respiración y en las sensaciones del cuerpo, dando vacaciones a esa parte de su mente que se ocupa de los pensamientos, es decir, manteniendo el enfoque mental en el presente, momento a momento, y en el cuerpo. Busque la forma de desconectar de sus preocupaciones y evite utilizar ese tiempo para planificar, reflexionar o alimentar fantasías. Si está con un grupo, evite la necesidad de hablar sólo por no estar callado y concéntrese en el ejercicio uniendo su mente, es decir, su atención, al cuerpo.

Manteniendo la conciencia, el cuerpo desarrollará mejor el ejercicio que haga, evitará lesiones y se esforzará más. Además, al liberarse de los pensamientos, permitirá que descanse la mente y reducirá el estrés de forma más efectiva.

La conciencia plena en el ejercicio implica la exploración de sus límites, llegando hasta ahí, pero sin sobrepasarlos para no forzar. Esforzándose, usted permanece dentro de estos límites, respirando. Esta práctica requiere que usted honre su cuerpo y esté atento a los mensajes que éste le da, para determinar cuándo debe parar o evitar alguna posición que le puede causar una lesión.

FINALIZACIÓN Y RELAJACIÓN

Cuando termine el ejercicio que haya realizado, no se apresure hacia su siguiente tarea del día. Después de las sesiones de yoga suelen tomarse unos minutos para hacer una relajación en el suelo, tumbado boca arriba. Si usted ha hecho otro ejercicio, intente algún tipo de relajación. Intente por unos instantes conectar con su ser profundo, respire unos minutos relajado, con conciencia plena, deje que su cuerpo exprese cómo se siente ahora.

Felicítese por haberse dedicado este tiempo para cuidar su cuerpo y dejar descansar su mente. Por haber decidido apartarse de la corriente de actividad, o de la compañía de otros, para poder estar así consigo mismo.

Recuerde que la práctica regular de ejercicio físico con conciencia plena le ayudará a mejorar su salud tanto física como mental, y así poder disfrutar más de la vida.

Apéndice 5
Meditación guiada.
45 minutos al día

En los cursos de reducción de estrés proporciono una meditación guiada grabada en un CD para poder practicar en casa. Usted puede adquirir estas grabaciones, que van acompañadas de unos dibujos de cada postura, solicitándolas como se indica en el apéndice 7. También puede usted grabar estas instrucciones, controlando los tiempos, para tener una guía hasta que se familiarice con ellas.

Esta meditación tiene tres fases, que explico a continuación, repartidas en periodos de diez o quince minutos para que las ajuste a su gusto. La postura y la primera fase están basadas en el ejercicio de atención en la respiración, descrito en el apéndice 3. La segunda fase está basada en el ejercicio de exploración del cuerpo, descrito en el apéndice 2, pero realizado ahora desde la cabeza hasta los pies.

La tercera fase explora otros contenidos mentales con conciencia plena. Si lo prefiere, puede intercalar la práctica de meditación caminando, descrita en el apéndice 4, entre las fases segunda y tercera para desentumecer el cuerpo o hacer una pausa. Es importante que mantenga la concentración en el ejercicio. Para ello le puede ayudar colocar una alarma que le evite tener que estar mirando el tiempo.

Para comenzar, colóquese en la postura de meditación sentado. Preferiblemente en una silla o un cojín en el suelo con la espalda recta, la cabeza erguida y sin presión en la cintura. Cierre suavemente los ojos, haga unas respiraciones profundas para después entrar en la respiración natural, inhalando y exhalando por la nariz. Ajuste, si lo necesita, el cuerpo a la postura, mientras se prepara para comenzar la meditación.

PRIMERA FASE: ATENCIÓN EN LA RESPIRACIÓN (VÉASE APÉNDICE 3). DE DIEZ A QUINCE MINUTOS

Fijamos la atención en un lugar donde notemos la respiración —puede ser el vientre o la zona del labio superior y la nariz—. Como un vigilante, atendemos a la respiración desde que comienza la inhalación hasta que acaba la exhalación, ciclo tras ciclo. Cada vez que la mente se despista, se la trae de nuevo a la respiración, sin lamentarse ni enfadarse, con cariño y con paciencia. Hay que practicar de forma constante y diligente, y se llegará a cierto grado de estabilidad mental para pasar a la segunda fase.

Segunda fase:
atención en las sensaciones del cuerpo.
De diez a quince minutos

Deje ahora que la atención explore las sensaciones del cuerpo empezando en lo alto de su cabeza, en la coronilla, y espere unos instantes a que aparezca algún tipo de sensación física como calor o frío o cosquilleos o cualquier otra cosa —incluso si no aparece nada, puede notar esa ausencia de sensación; también vale—. Después empieza a recorrer la cara desde la frente, parte por parte, notando los ojos, las mejillas, la nariz, los labios y la mandíbula. Desplácese tan despacio como le sea posible, con atención para captar cualquier sensación que ocurra en cada zona, pero sin buscar algo concreto o intentar imaginar una sensación. Debe atender a la realidad de ese momento, sean las sensaciones que sean, sin preferencias.

Cuando haya explorado la cara y la cabeza, desplácese despacio por el contorno del cuello bajando después por el brazo derecho, poco a poco, hasta la mano. Deténgase en los dedos e intente distinguir algunas sensaciones particulares en la mano, si le resulta posible. Luego, vuelva despacio al cuello y repita este recorrido por el otro brazo. Despacio, parte por parte, sin olvidar ninguna zona, como si su atención fuera extendiendo una venda con mucho cuidado.

Cuando termine con los brazos, puede ascender a la garganta y desde ahí ir bajando por el pecho, poco a poco, notando el lado derecho y el izquierdo, pasando luego al abdomen hasta llegar a la zona genital. Si encuentra zonas en blanco, permanezca un instante por si aparece algo y luego siga su camino en cualquier caso. Debe explorar el cuerpo a una velocidad que le permita notar todos los detalles de las sensaciones, pero que no sea tan lenta que la mente se distraiga constantemente. Recuerde registrar cada sensación que aparezca, pero sin dejarse arrastrar por ideas o pensamientos que surjan, ya que ello supone una distracción. Para evitarlo intente que la mente solamente registre lo que siente, como un observador imparcial, sin elaborar ningún juicio ni idea al respecto.

Una vez cubierta la parte delantera del tronco, ascienda de nuevo al cuello y recorra la espalda. Quizá note que ciertas sensaciones intensas predominan en el campo de la atención, en torno a ciertas zonas de su cuerpo. Si encuentra alguna sensación intensa, intente explorarla con más detenimiento, como un científico imparcial que intenta levantar un mapa, notando lo que ocurre, pero sin juicios ni ideas al respecto. Puede identificar aquello que sienta exactamente en esa zona y quizá note una sensación de cosquilleo, picor, ardor, estiramiento, presión, punzadas o cualquier otra sensación. Intente explorar los contornos de las sensaciones, su profundidad, sus límites, la intensidad en las distintas zonas.

Una vez cubierta la espalda, puede recorrer la zona genital y luego las piernas de la misma forma que ha explorado los brazos. Cuando termine, puede volver a lo alto de la cabeza y realizar otro recorrido en el mismo sentido o, si lo prefiere, ascender en sentido inverso. Lo importante es que mantenga la concentración, recorra todas las partes del cuerpo e intente captar el máximo de sensaciones sin juzgar ni distraerse con pensamientos, siguiendo las bases de la conciencia plena.

Tercera fase: atención sin elegir.
De diez a quince minutos

En esta fase de la meditación guiada vamos a explorar otros fenómenos. Mientras se prepara, retome el contacto con la respiración, apreciando cada inspiración como un momento que comienza, y cada exhalación como una oportunidad para soltar lo que ya ha pasado.

En esta fase puede dejar que la conciencia se centre en los sonidos, tanto del exterior como del interior, identificando cualquier sonido que llegue al campo de la conciencia, sin hacer distinciones o preferencias, dejando que lleguen todos los sonidos, de la calle o de dentro de la casa, como si fueran parte de uno mismo, incluso ruidos que puedan hacer los niños, o algún ruido de la estructura de la casa, o un teléfono, o un avión, o pájaros..., dejando que la atención explore los sonidos uno a uno, según van apareciendo en la conciencia, sin analizar si el sonido es placentero o molesto, si le agrada o no..., sólo notando la presencia, su tono, intensidad y duración, sin importarle sus causas o consecuencias. Tómese dos o tres minutos para explorar el universo acústico que le rodea.

Igual que los sonidos aparecen y desaparecen en la conciencia, puede observar otros fenómenos de la misma naturaleza, como son las emociones o los pensamientos que surgen en cada instante, notando cómo aparecen, cómo se desarrollan y cómo, si no los alimenta con pensamientos, también se desvanecen. Deje que su atención explore sin juzgar los pensamientos o emociones que surjan, o que repose en ese espacio que existe entre pensamiento y pensamiento, aceptando el hecho de que las emociones y los pensamientos están aquí, y que a veces parecen tener vida en sí mismos; obsérvelos sin juzgar, como un testigo o como si estuviera viendo una película, pero sin olvidar que están presentes, que son reales y que surgen cuando uno menos espera; reconozca los pensamientos y las emociones como parte de este momento pero sin dejarse arrastrar por ellos con elucubraciones; de esta forma evitará reaccionar a los pensamientos. Sin prestar atención al contenido, observe el proceso por el que los pensamientos y las emociones se originan en la conciencia. Quizá le ayude imaginar que el espacio de la conciencia es como el cielo azul y que los pensamientos o emociones que surgen en la mente son como nubes que de repente aparecen, crecen en volumen y poco a poco van cambiando, hasta desaparecer. Una nube tras otra... Un pensamiento, una emoción... Se van sucediendo el uno al otro, mientras mantiene la mente equilibrada, como el cielo que permite la existencia de las nubes sin por ello cambiar su color... Tómese dos o tres minutos, sin prisa, explorando así el contenido de la mente.

Deje ahora, si le parece, que su mente flote libremente incluyendo en el campo de la conciencia cualquier sensación que surja en el cuerpo, del tipo que sea, o varias sensaciones, incluyendo todas esas sensaciones corporales. Permita también que exista cualquier sonido que llegue a los oídos y aparezca en el campo de atención, dejando que sea así. Incluya en el campo de la conciencia cualquier emoción o pensamiento que pueda aparecer, pero sin dejar que arrastre la mente; ampliando de esta forma la conciencia, incluyendo la total experiencia del ser, aquí y ahora, sin desear que las cosas sean de otra forma, con total aceptación de este momento preciso, este momento consciente; notando cómo los fenómenos surgen una y otra vez en un proceso en el que todo cambia, en el que nada permanece estático, cuando no hay nada que forzar, nada que querer y todo se desarrolla por sí mismo. En este estado puede esperar tranquilamente a que finalice su meditación

FINALIZACIÓN

Puede felicitarse por haberse dedicado este tiempo, nutriéndose y cuidándose; por haber decidido apartarse de la corriente de actividad, y de la compañía de otros, para poder estar aquí consigo mismo. Recuerde que la práctica regular de la meditación le ayudará a crear una verdadera relación consigo mismo. Así podrá disfrutar de una vida más saludable, más satisfactoria y más llevadera. La meditación le ayudará a recuperar el equilibrio después de momentos de tensión para responder mejor a los desafíos de la vida. Con esta práctica facilitamos la renovación del cuerpo aportando claridad a la mente, incluso en los momentos más oscuros y de mayor confusión, como una lámpara que ilumine la propia vida, su propia existencia.

Apéndice 6
Programa
de entrenamiento
en ocho semanas

Quienes toman parte en los cursos de ocho semanas de reducción de estrés van familiarizándose progresivamente con las técnicas de meditación y yoga presentadas. Ello les permite ir desarrollando un mayor grado de conciencia plena, con el que van realizando algunos cambios en su vida, que resultan en una significativa reducción del estrés. Con objeto de que el lector de este libro pueda disponer de un entrenamiento equivalente, he preparado este plan de entrenamiento progresivo, según el modelo del curso de ocho semanas, que según mi experiencia es el que permite obtener los mejores resultados.

Este entrenamiento se puede realizar con los CD que se ofrecen en el apéndice 7 como complemento del curso, o usando las instrucciones que figuran en los demás apéndices. Incluso, si lo prefiere, puede usted grabarse las instrucciones para no tener que memorizarlas y reproducirlas hasta que sea necesario.

Este plan de trabajo requiere una actitud comprometida, escuchando activamente y practicando como se indica diariamente por espacio de ocho semanas. Para ello hay que establecer el momento y el lugar adecuados, donde se disponga de la energía y la tranquilidad necesarias para el ejercicio. Lo ideal es practicar diariamente cuarenta y cinco minutos cada vez; suele ser mejor a la misma hora, sea antes o después de la jornada laboral. Como en cualquier entrenamiento, los resultados aparecen al cabo de un tiempo, y hasta ese momento hay que tener confianza y practicar con paciencia y constancia.

También es importante aclarar que el objetivo de estas prácticas no es obtener un estado de relajación concreto, disfrutar, sentirse bien o hacer ejercicio —aunque frecuentemente sea así—. Los mejores resultados se obtienen cuando se practica sin ningún objetivo particular más allá de seguir las instrucciones lo mejor posible, atendiendo a lo que ocurre momento a momento, sin juzgar, con apertura e interés en el proceso. Para ello resulta útil plantearse el ejercicio como un tiempo de desarrollo personal, fuera del horario habitual; un tiempo para estar con uno mismo, para practicar la conciencia plena y conocerse mejor. Al principio no es fácil, pero la experiencia indica que este cambio de estilo de vida resulta muy efectivo para la transformación personal en lo físico, lo emocional y lo mental.

El yoga merece un comentario particular, en el sentido de que debe hacerse con precaución y seguridad, sin forzar ni realizar ninguna postura que uno considere inadecuada para su condición. El yoga propuesto en los CD es relativamente suave, lo que no significa que no requiera cierto esfuerzo; sin embargo, la progresión debe ser gradual, facilitando la adaptación del cuerpo y evitando los movimientos bruscos.

Con todo lo anterior le propongo el siguiente plan de entrenamiento.

SEMANA	EJERCICIO
1.ª	45 min.: exploración del cuerpo (CD 1).
2.ª	45 min.: exploración del cuerpo (CD 1). 10 min.: atención en la respiración, en otro momento del día.
3.ª 4.ª	Practique en días alternos la exploración del cuerpo (CD 1), y los otros días haga 45 min. de ejercicio físico como yoga en el suelo (CD 2, pista 1); si usted no puede practicar este ejercicio, puede sustituirlo por el CD 3. 15 min.: atención en la respiración, después del yoga o en otro momento del día que prefiera.
5.ª	Practique en días alternos 45 min. de meditación guiada (CD 3), y los otros días haga 45 min. de ejercicio físico como yoga (la parte que prefiera). Los días que no haga meditación guiada practique al menos 15 min. de atención en la respiración cuando prefiera.
6.ª	45 min.: meditación guiada (CD 3) cada día. 15 min.: meditación caminando integrada en la meditación guiada o en otro momento del día.

7.ª	Practique en días alternos 45 min. de meditación guiada (CD 3), y los otros días la práctica que prefiera. Intente practicar sin los CD esta semana. 15 min.: meditación caminando integrada en la meditación guiada o en otro momento del día.
8.ª	Elija la práctica que crea más conveniente o la combinación que prefiera, con o sin CD, a su gusto, pero continúe entrenándose al menos 45 min. al día.

A partir de la octava semana es habitual notar algunos beneficios, que se consolidarán y ampliarán en la medida en que usted integre la conciencia plena en su vida cotidiana y siga practicando de forma habitual.

Apéndice 7
Recursos para inspirarse y seguir aprendiendo

MEDITACIÓN

Las técnicas que hemos utilizado provienen de las escuelas vipassana y zen de meditación dentro del budismo. Practicar con un grupo de yoga o de meditación es muy recomendable, ya que facilita la disciplina.

INFORMACIÓN SOBRE LA MBSR Y CENTROS DE MEDITACIÓN

<http://www.andresmartin.org>, *blog* del autor donde encontrará un capítulo extra del libro.
<http://www.esmindfulness.com >, información sobre el programa de la MBSR en España.

<http://www.mbsronline.es>, información en castellano sobre la MBSR *online*.
<http://www.luzserena.net/>, centro de meditación zen en España.
<http://www.neru.dhamma.org/>, centro de meditación *vipassana* en España.

DÓNDE COMPRAR AUDIOS
(MP3 Y DISCOS COMPACTOS)

Descarga de MP3 en el blog del autor: <http://andresmartin.org/libros-y-audios/>
Descarga de MP3 en la tienda de Instituto esMindfulness: <https://shop.esmindfulness.com/mbsrtraining/categoria-producto/material-de-autoaprendizaje/audios/>
o como CD en www.discmedi.com (teléfono: 93 284 95 16) <http://www.produccionsblau.com/catalogo/disco/207/andres-martin/reduccion-del-estres?lang=es>

LECTURAS

Recuerde que leer puede ser tremendamente estimulante e inspirador, pero no sustituye a la práctica de la meditación, y la práctica es más importante. Por ello estas lecturas se proponen como un soporte o un complemento, pero no como una alternativa. Quizá le ayude leer ciertas páginas antes de la meditación y así dejar que esas palabras resuenen en su interior, sin reflexionar ni intelectualizar, dejando que encuentren su sitio naturalmente, o después de meditar, con la frescura de mente de esos momentos. Éstos son algunos libros interesantes:

BUCAY, Jorge, *De la autoestima al egoísmo,* RBA Libros, Barcelona, 2005.

CASTANYER, Olga, *La asertividad: expresión de una sana autoestima,* Descleé de Brouwer, Bilbao, 2004.

DALAI LAMA, *Transforma tu mente,* Martínez Roca, Barcelona, 2001. (O cualquier otro libro de los muchos de este autor.)

GOLEMAN, Daniel, *La inteligencia emocional,* Kairós, Barcelona, 1996.

GREENBERG, Leslie, *Emociones. Una guía interna,* Descleé de Brouwer, Bilbao, 2000.

KABAT-ZINN, Jon, *Vivir con plenitud las crisis,* Kairós, Barcelona, 2003.

—, *La práctica de la atención plena,* Kairós, Barcelona, 2007.

MARINA, José A., *El laberinto emocional,* Anagrama, Barcelona, 1996.

—, *Anatomía del miedo,* Anagrama, Barcelona, 2006.

MOUNTAIN DREAMER, Oriah, *La invitación,* Urano, Barcelona, 2000.

ROVIRA, Àlex, *La brújula interior,* Urano, Barcelona, 2003.

THICH NHAT HANH, *Sintiendo paz,* Oniro, Barcelona, 2002. (O cualquier otro libro de este autor.)

TOLLE, Eckhart, *Practicando el poder del ahora,* Gaia Debolsillo, Barcelona, 2006.

Apéndice 8
Entrevista con el autor

LA VANGUARDIA, (SECCIÓN *La contra*)
5 DE JUNIO DE 2008

44 años. Nací en San Sebastián y vivo en Palma de Mallorca. Tengo pareja y dos hijos universitarios. Licenciado en Biología, trabajo en el ámbito de la reducción de estrés y el liderazgo. ¿Mi idea política? Necesitamos vivir en la Tierra con más armonía. Practico el budismo

"El estrés va de dentro afuera, y no al contrario"

Usted criaba peces.
Sí, era ejecutivo de una multinacional noruega. Hubo las típicas luchas de poder y me tomé un año sabático para pensar qué otras cosas podía hacer con mi vida.

¿Dónde acabó?
En el Centro Médico de la Universidad de Massachusetts, en la clínica de Reducción de Estrés, formándome con su

fundador, el doctor Jon Kabat-Zinn. Su programa se imparte en 240 instituciones de EE.UU.

El estrés afecta a uno de cada cinco trabajadores europeos, ¿qué propone?
Desarrollar el equilibrio interior, la capacidad de parar y observar antes de actuar, y responder en vez de reaccionar. Utilizamos el yoga para reequilibrar el cuerpo y la meditación para equilibrar la mente. Hay que descentrarse de uno mismo.

¿Descentrarse?
Observar los pensamientos y las emociones que uno tiene con más curiosidad y menos preocupación, y entender el proceso por el cual los pensamientos y las emociones se van entrelazando hasta hacernos perder el equilibrio interno.

Curioso, un biólogo en estos temas...
Me atrajo esta técnica porque puede medir sus resultados. La depresión, la ansiedad, la hostilidad y la somatización se reducen un 35%. Y al bajar los ciclos de rumiación, disminuye la afectividad negativa.

¿Rumiación, pensar como un rumiante?
Sí, comerse el coco con cosas del pasado que causan sufrimiento, bajan la autoestima y la eficacia. En una sesión de dos horas y media los niveles hormonales de cortisol, la hormona del estrés, se reducen un 40%.

¿Cuáles son las pautas fundamentales?

Desarrollar la conciencia plena, la capacidad de darnos cuenta de lo que está pasándonos sin juzgar si es bueno o malo. Habilitar un control de calidad de nuestro proceso de pensamiento y de nuestro grado de conexión con la realidad que estamos viviendo. A menudo, como la realidad no nos gusta, luchamos psicológicamente contra ella, y esa lucha nos desconecta de lo que sucede.

Vivir momento a momento.

Sí, y desarrollar la autocompasión.

La repetición de los errores es muy puñetera y a veces te hartas de ti mismo.

A mayor grado de inconsciencia, más repetición de errores. En el estrés hay mucha reactividad, genera unas emociones que llevan a actuar de forma impulsiva. Cuando logras hacer una pausa entre el estímulo y la reacción, la impulsividad disminuye. Para ello, es básico darte cuenta de cuándo estás empezando a calentarte.

¿Contar hasta diez?

Tener una mejor autoconciencia, es decir, cómo soy, qué cosas me encienden y qué es lo que puedo hacer en lugar de explotar. Muchas veces, ante los juicios que nos hacen reaccionamos de forma defensiva o atacando, lo cual no es muy efectivo desde el punto de vista de la relación interpersonal. Pero veámoslo desde otro punto de vista.

Veámoslo.
El juicio de otro, aunque no me guste, es interesante porque me está dando información de mí mismo y de él. Si reprimo una emoción, me provoca más tensión, y si la ignoro, sigue condicionando mi comportamiento. Hay que desarrollar la conciencia de cuál es mi emoción y ver la mejor manera de expresarla dentro del contexto, la situación y mis objetivos.

¿Por qué es mejor el yoga que el boxeo?
El yoga es estar consciente del cuerpo y de la respiración; normalmente, en cambio, al hacer footing u otro deporte se desconecta la mente del cuerpo: mientras tu cuerpo corre, tú sigues pensando en tus problemas. El yoga activa el sistema simpático y el para-simpático, porque tensa y relaja. En los gimnasios casi todo es tensión.

¿Qué más?
Hay que cuidar la alimentación. El estrés conlleva unas pautas de alimentación poco sanas: se come a deshoras, rápido, y se toman excitantes. Ese comportamiento realimenta el estrés. Y lo mismo podemos decir de la comunicación: cuando hay estrés, la comunicación va de la agresividad a la pasividad, y ambas provocan más estrés.

¿El camino de en medio?
Desarrollar la asertividad: qué es lo que digo, cómo lo digo, cuál es su efecto en otras personas y en mí mismo; y cómo se puede desarrollar una comunicación más cons-

ciente, plena y profunda. Y nos queda otro elemento fundamental.

¿Dormir suficientes horas?
La gestión del tiempo, es decir: a qué dedico mi tiempo y mi energía. Es imprescindible dedicar un tiempo a uno mismo, sus ilusiones y proyectos. Debemos tomar conciencia de nuestra responsabilidad sobre nuestra felicidad y entender que el estrés es algo que se genera dentro y no fuera.

Todo desemboca en el sentido de la vida.
Las personas más resistentes al estrés presentan tres características: gran sentido del compromiso; control de su propia vida pero sin querer controlarlo todo, y capacidad de afrontar los desafíos.

... Comprenden que la vida es cambio.
Sí, que hay salud y luego enfermedad, amor y desamor. De lo bueno podemos disfrutar y de lo malo, aprender. Pensamos que la realidad externa es una cosa y que nuestra realidad interna es otra, pero son inseparables: la única manera de transformar la realidad externa es transformando la interna.

Entrevista realizada por IMA SANCHÍS

Su opinión es importante.
En futuras ediciones, estaremos encantados
de recoger sus comentarios sobre este libro.

Por favor, háganoslos llegar a través de nuestra web:

www.plataformaeditorial.com

Para adquirir nuestros títulos, consulte con su librero habitual.

«*I cannot live without books.*»
«No puedo vivir sin libros.»
THOMAS JEFFERSON

Plataforma Editorial planta un árbol
por cada título publicado.